好好接话

不再因说错话、反应慢而懊恼后悔

どんな人ともドギマギせずに
会話がふくらむコツを集めました！

[日] 山口拓朗 著　　林丽樱 译

北京联合出版公司
Beijing United Publishing Co.,Ltd.

目 录
contents

前言 PREFACE
数千个真实案例验证，成功克服说话恐惧 001

第一章
懂得倾听，做对表情回应，别当"谈话终结者"

① 做错"表情动作"，说得再好也不讨喜 002
② 倾听不抢话，为开口接话做足准备 004
③ "神回应"最有好感，日常小事可锻炼 006
④ 适时"搭腔附和"，沟通桥梁不会断 008
⑤ "鹦鹉回话法"能突破心防，陌生人变得有默契 011
⑥ 洞悉对方说话"情绪"，再决定接话"语气" 013
⑦ 对方话题很无趣，怎么接话转移 016
⑧ 扩大交友圈，"回馈原理"很重要 019
⑨ 多方见闻的"小道消息"，接话题材的宝库 021

第二章
熟练运用"万用话题"秘籍，
立即变身聊天接话高手

① 高明"闲聊术"，能卸除紧张又看穿个性 028
② "七大话题"放口袋，和谁都能聊得开 031
③ 熟练运用"万用话题集"，怎么接话都不失误 033
④ 善用"相似法则"找话聊，亲密度倍增 040
⑤ "食物话题"最能聊，容易发挥又好搭话 043
⑥ "赞美"挂嘴边，好感度百分百 045
⑦ 聚焦"对方专长"让他说，聊再久也不累 047
⑧ 气氛冷场无言时，"即兴话题"怎么找？ 049
⑨ 适时说出"我也是这样想的"，一句话俘获人心 051
⑩ "四种禁忌话题"，聊天的暗黑杀手 053

第三章
听出对方"暗示关键语"，
接话有同理心，好感度将倍增

① "顺势回问"，越聊越开的接话术 060
② 对方反复说的语句，是炒热话题的关键 062

③ "数字"有弦外之音,暗藏期待等你接 064
④ "有趣的共同经历",气氛越来越好的妙招 066
⑤ "加一句话"的回话,对方不必费心找话接 068
⑥ "5W1H",导引话题的利器 070
⑦ 别为"接话慢的静默"着急,抢话只会失礼 072
⑧ 面对激动情绪,用"我懂你"取代"建议" 075
⑨ "聆听抱怨"有要领,转移话题是上策 077
⑩ 勉强开口打破沉默,不易接话更尴尬 079

第四章
坦诚示弱,聊天没压力,
谁都想和你做朋友

① 说话"面带微笑",制造好印象的必杀技 084
② "坦率说自己",没人会想防你 086
③ 帮自己的个性贴标签,任何人都会印象深刻 088
④ 聊自身工作,从简单的讲起,切忌卖弄 090
⑤ "直言自己的缺点",别人对你更有好感 092
⑥ 提供"开心受用"的信息,谁都想和你聊不停 094
⑦ "对方说的话"下次再提及,最讨人喜欢 096

第五章
迅速融入人群，害羞嘴笨 也能学会的"混熟密技"

① "问候语＋寒暄"，再怎么陌生也能融冰 102
② "名字"有魔力，越叫感情越增进 104
③ 把聊天当成"说故事"，有画面更能吸睛 106
④ "夸张比喻"多练习，锻炼幽默感的诀窍 108
⑤ 快速提升好感度，"肯定叙述法"能办到 110
⑥ "糗事经验"主动说，与人聊天没隔阂 112
⑦ 先为对方着想再开口，最能提升自己的魅力 114
⑧ "梦想"会传递热情，能引发他人共鸣 116
⑨ 适时说出"我只对你"，轻易触动人心 118

第六章
与人攀谈、炒热气氛， 再怎么陌生都能开心聊的秘诀

① 重拾"赤子之心"，主动聊天不怕被拒绝 124
② 拉"被冷落的人"一起聊，能建立好交情 126
③ 谈自己的专业要懂收尾，滔滔不绝讨人厌 128
④ "假设问题"能套出"真心话" 130

⑤"没答案的问题",活络现场气氛最好用 132
⑥"封闭+开放"的询问,怎么聊都有话讲 134
⑦适时帮对方"整理对话",聊多久都不累 136
⑧打断对方也不伤和气的"对话转向语" 138
⑨运用"说到……",能巧妙转移无聊话题 140

第七章
交谈"投其所好",话题不间断,无论谁都会喜欢你

①唤起对方"心动记忆",畅所欲言停不住 146
②称赞"对方自己忽略的优点",赢得好感的绝招 148
③"爱听好话"是天性,"具体夸奖"效用大 150
④转述"第三者赞美",会让对方更高兴 152
⑤男人、女人大不同,怎么接话需考量 154
⑥男女内心不一样,赞美重点要拿捏 156
⑦当对方处于困境时,该如何接话? 158
⑧"约会预告",最能赢得女性芳心 160
⑨巧用"留白时间",告白成功率最高 162
⑩情绪性责备,只会让状况恶化 164

第八章
懂得职场接话术，
人际关系更融洽，同事上司都挺你

① "礼貌体贴"先表达，请托他人做事最有效 170
② 先讲结论不啰唆，别人才肯听你的 172
③ 掌握"1T3S"，怎么说话都有魅力 176
④ 初次见面话题怎么找？"名片"有最佳线索 178
⑤ 和重要人士见面，事前资讯收集决定成败 180
⑥ "20 秒决胜负"，高超的电话沟通术 182
⑦ 活用"的确……"句型，意见最能被接纳 184
⑧ "边听边做笔记"，让主管觉得可靠的高招 186
⑨ "转换负面念头"，讨厌的主管也会变贵人 188

第九章
学会"发问绝技"，
真心话和有用情报，一出手马上就有

① 启动"贡献心"开关，对方就会滔滔不绝 194
② 提问越具体，越能引出"核心答案" 196
③ "场所"影响大，确定交谈内容再选择 198
④ 坦白表明"我不懂"，别人更会乐意说 200
⑤ "感谢的回应"，别人想和你说更多 202

结语 *EPILOGUE*
懂传接球的对话技术，人生际遇大不同 205

自我检核表 *SELF-CHECK LIST*
漂亮的接话技术，你学会了几样？ 207

前言
Preface

数千个真实案例验证，成功克服说话恐惧

我咨询过各种不同背景的对象，从十几岁的学生到九十几岁的高龄者，从艺人、家庭主妇到商业人士、大政治家等，与将近两千位不同年龄段、不同领域的人士进行过较深入的访谈。

"我不擅长看着别人的眼睛说话。""与人讲话时，脑中总是一片空白。""紧张到全身直冒冷汗。""一直担心对方的想法，不知道他是怎么想的。""我害怕沉默。""不知道该说些什么。""我无法成为一个机灵的人。""与人见面实在是一件令人痛苦的事。"

曾经如此害怕接触陌生人的我，现在不仅能轻松与人说话，还有很多人希望我传授"说话与炒热气氛"的聊天技巧。

或许你也和以前的我有着相同的烦恼——**"我不想一辈子都**

害怕与人说话，毫无自信地过完一生。""我希望自己能够成为一个与别人快乐聊天的人。""我想改变自己。"对于这样的你，我可以断言："你的这些烦恼很快就能烟消云散。"

心理建设、技巧练习双管齐下，
与人对话不再胆战心惊

书中所讲"增添对话乐趣"的秘诀，皆是"曾经对自己失去信心"的我，亲身与两千多位人士谈话后所整理出来的重点——

◎ 增加话题的乐趣，秘诀在于"反应"。
◎ 让别人"想再见自己一面"的初次见面秘诀。
◎ 立刻与别人打成一片的"融入技巧"。
◎ 让他人小鹿乱撞的谈话术，恋爱运瞬间提升。
◎ 和各种人立刻变熟的诀窍。

以人类心理为基础，从表情、反应到态度，选择话题的方式，聆听和发问的技巧，说话的方法，转变话题的做法等，传授既简单又能打动人心的说话术。而且也可以帮你**去除内心深处潜藏已久的"会话恐惧感"**。

另外，为了解决大家"不知道该说些什么"的烦恼，我们集结了可立即使用的完整会话内容，同时也汇集了随时随地都能聊的"闲聊话题集"。

看完本书之后，你一定可以洒脱地与以前充满不安且缺乏自信的自己告别。

谈话愉悦，如同建立一个"互爱园地"

本书中所介绍的"增添对话乐趣的秘诀"里面，每一个皆包含了我们对对方的"爱"。

"什么？怎么突然说到爱？"你一定会这么想。但是"爱"才是最重要的一点——比方说，**"聆听对方说话"这件事就是一种"提供说话园地"的"给爱行为"**。当两人谈话愉悦时，就表示双方处于"互爱"的状态，彼此的"爱情投球游戏"正进行得十分顺利。

假如真的想让对话变得更有趣、话题范围更广，你必须拿出心里的那份爱。一般人可能觉得自己办不到，但我相信各位在阅读本书时，就一定能够感受到自己心中存在着这么一份爱，也会开始对自己充满自信，与人的对话内容也愈来愈丰富。

"渐渐地，我不排斥说自己的事情。"

"自从懂得接受对方的心情之后，我与别人的对话也开始变得丰富。"

"变得不会处处在意对方的感觉，能够跟着自己的心走，说出想讲的话。"

"开始喜欢说话,性格也变得开朗多了。"

以上是阅读过本书的读者的收获。

与人愉快地说话,人生也将有所不同。从个性到想法,你很快能够蜕变成理想中的自己,并且发现生活中有众多爱你的人!

一辈子的朋友、最好的伙伴、身心灵的健康、工作成果、社会给自己的正面评价、难以动摇的自信等,许多人生中重要的事物也将汇集到你身边。就连"梦想"都将出现贵人相助,得以逐一实现。

就算现在沟通的主要方式已经换成电子邮件或社交软件,但人与人之间谈话的重要性还是存在的。正因为彼此间的说话机会减少,所以言语的交流才更显得弥足珍贵。

人生无法重新来过,你打算将自己封闭在"小小的象牙塔"里面,完全不与他人做心灵交流吗?还是你想尝试敞开心扉与人沟通,迈向充满希望的美好未来呢?

选择权在自己手上。假如你采用后者的话,本书将是你最强大的后盾。希望此书能成为你走向幸福人生的最佳心灵伙伴!

战胜"接话紧张感",迈向人生康庄大道

每当看到各位读者使用秘诀后的笑容,我更相信**克服说话恐惧是"通往幸福的捷径"**。不论是工作、聚会、聚餐、约会,请各位将从书中所学活用于各种不同场合,你将开启一条有别于以往的人生道路。

想说的话有勇气大胆说了,也敢跟着自己的感觉走!(24岁,女性)

我再也不怕生了!也不会烦恼该如何与人聊天相处!(33岁,上班族)

感觉别人很喜欢跟我聊天,彼此感情瞬间升温不少!(26岁,上班族)

联谊时能与心仪对象自在说话,对方对我很有好感!(30岁,男性)

与人互动聊天时能立刻说出得体的话!(20岁,女性)

上司看到了我的进步,工作更加顺利了!(25岁,上班族)

大家都跟我说:"你变开朗了哦!"(19岁,女性)

和客人之间变得热络,业绩蒸蒸日上!(27岁,上班族)

夫妻之间的话题增多!家庭关系越来越亲密!(39岁,女性)

休息时间的闲聊变成了我最期待的时刻!(36岁,女性)

被搭讪、邀约的机会增加!(25岁,男性)

在与别人的对话中,收获了许多有用的情报!(24岁,女性)

第一章

懂得倾听，
做对表情回应，
别当"谈话终结者"

时时刻刻保持笑口常开，给人很阳光的感觉，就会有人想与你亲近。更重要的是，平常要练习在人前呈现开朗的样貌，不然哪怕只是简单的微笑，也会看起来僵硬笨拙。

① 做错"表情动作",说得再好也不讨喜

有"跟别人聊不下去"这种烦恼的人,都认为聊天最需重视"说话内容",但实际上这却不是影响别人对你印象的最重要的因素。

根据调查,受到"说话内容"影响的只占7%;讲话的语调或速度快慢等听觉信息占38%;表情、动作等视觉信息则占55%。以下的对话,就可证实此调查——

例 ❶ A:"你确定要去××公司上班了吧?"
　　　B低着头说:"噢,对啊。"
　　　A:"真是恭喜你!现在的公司还有人事内定呀,
　　　　你应该很高兴吧?"
　　　B面无表情地说:"是啊,很高兴。"

例❷ A:"你确定要去××公司上班了吧?"
B虽闭口不言,却掩盖不住脸上的笑意。
A:"真是恭喜你!现在的公司还有人事内定呀,你应该很高兴吧?"
B:"哪有啊,运气好而已啦!"

例❶中的B先生虽嘴上说"高兴",但脸上表情阴沉。显而易见,B先生并不开心。而在例❷中,明显可看出B先生内心雀跃。虽说显得一副毫不在乎的样子,但是从他的态度、表情、视线等,愉悦之心可说是溢于言表。只要掌握开心的"表情或动作""说话的语调愉快""有精神、爽朗地回答"这三点,就能给人较佳的印象。但是不擅长主动与人聊天的人,他们大都会忽略这些重点。

若是觉得自己不善言辞,而紧张地皱着眉头,会让别人认为你心情不好,对方也很难开口跟你说话;反之,保持笑口常开,给人很阳光的感觉,就会有人想与你亲近。更重要的是,平常要练习在人前呈现开朗的样貌,不然哪怕只是简单的微笑,也会看起来僵硬笨拙。

Key Point 在平时就展现开朗的表情、声音等,给人留下容易攀谈的印象。

❷ 倾听不抢话，
　　为开口接话做足准备

　　为什么神给人类造了两只耳朵，嘴巴却只有一张呢？答案是——为了多听少说。这是犹太人古老的传说，表示听人说话的重要性。

　　每个人都盼望有人能倾听自己的心声。举例来说，要是单恋好几年的对象突然邀约你，高兴之余，你会不会想把这事告诉你的亲密好友？或是当你受到上司不合理的责备时——"真是够了，你听我说啊……那主管真过分！"像这种抱怨的话希望有人能接收吗？

　　老婆对老公不满的原因是"老公没有好好听她说话"；同样的，下属对主管有怨言，是由于"这些不满无法抒发"——"渴望被聆听"的欲望是如此强烈，所以人们大都将善于倾听的人视为珍宝。

"倾听"这个行为绝非被动，而是主动提供给对方一个"说话情境"的表现。若是不懂"听人说话"而有以下的举动，通常会被人厌恶——

- ◎ 不听对方说话，一味地说着自己想说的事。
- ◎ 不管对方说了什么，就是否定、批判对方。
- ◎ 对于对方说的话，字字句句燃起抗拒心。
- ◎ 由上往下看对方，时刻准备开始说教。
- ◎ 在对方说话时打岔，并且追问一些问题。
- ◎ 对方正说得起劲时，就想做总结。
- ◎ 自己提问，却不听别人的回答。
- ◎ 只会附和，反应单调贫乏。

假设你想要吹个大气球，首先就得将空气吸满肺部后再吐出，这跟"对话"的理论是相同的——把对方的话听到最后，就等于是将空气吸饱。因为把话听完，才能够回应出更多的话。

Key Point

听别人说话就是提供说话情境。不要插嘴，听到最后，才能成为及格的倾听者！

❸ "神回应"最有好感，
　　日常小事可锻炼

想让旁人觉得你是个"会聊天的人"，从日常开始，对他人的发言或事情主动做出反应，并由小事培养"回应"的好习惯：

❶ 当看见对方发型和平常不同："呀，你是不是换发型了？"
❷ 听到蟋蟀的鸣叫声："现在是不是有秋天的感觉？"
❸ 大杯圣代端来时："噢，这个分量真吓人。"
❹ 在课堂时：点点头"嗯嗯"地听讲师说话。
❺ 地铁里和婴儿对视：露出一抹微笑。
❻ 凉风吹过的时候轻声地说："真舒服！"

一边看着电视的综艺节目，顺带批评："哪有这么蠢的啊！"看新闻时，则是一边点头一边说："原来是这样呀！"如此积极地自言自语也是练习反应力的好时机。

还有常把"早安""晚安""我出门了""谢谢"这种打招呼的话挂在嘴边。持续这么做,当有人找你说话时,就能快速给予回应。

若是平时让周边的人看见自己是以开朗认真的态度看待事物,对方就会认为:"跟这人说话不会被忽略,或被冷淡地对待。"因而有安全感。除此之外,也会给人"会聊天"的感觉。

今天看着本书直点头的你,就是已充分学习到以上技巧。要是你只盯着书却没任何反应,请先边点头边看书,开始这种自言自语式的练习!

Key Point 培养对小事做出反应的习惯,营造热络易聊的气氛!

❹ 适时"搭腔附和",沟通桥梁不会断

在回话时,附和对方可表现出"我有认真听你说话"的效果。

表现出"我有在听你说话"是附和的关键

A:"将来有什么梦想吗?"

B:"可以的话,希望去巴黎待一年!"

A:"嗯,嗯!"(积极地附和对方)

A:"那真不错啊!但是为什么要选巴黎呢?"

B:"欣赏绘画是我的兴趣,想去逛逛巴黎的美术馆和展览会。"

A:"嗯,嗯!"(再度附和对方)

A:"你在研究艺术这方面吗?"

B："没有啦！画得好坏实在看不懂，只不过在面对画的时候，没来由地被画给温暖到了……每当这时候就觉得很幸福。"

聆听者越会附和对方，就越能聊得起来。相较于一般人只搭腔附和一次，回一句"嗯"，聆听高手与人谈话时，会竭尽心力倾听对方的心声，并附和他人话语两到三次。只要说得出"嗯，嗯"这句，人际关系也会随之变好。

不过，并不是随便附和的次数多就是好的接话方式，对于**复杂、深刻的话题，需要缓慢深入地附和、回应对方**，才能让人说出内心所想。还有切记不要急着去附和对方的话，会让人有"你是否有听懂我在说什么"的疑虑。总之，在聊天时"附和"的重点就是表现出"我有在听你说话"。

拿捏接话时机，有效扩展话题

"某人的回话太有趣了，害我也不小心多嘴几句（笑）。"——听人说话的这位不单只发出个"嗯嗯"来搭腔附和对方，还善于加入"插话"。"插话"是当对方说话时，巧妙地插进一句话。与其说是附和，不如说是给予"阶段性反应"。

"然后呢？""原来如此！""真的吗？""骗人的吧！""好啊好啊！""那种事啊！""的确！""这是最好的！""好厉

害！""不愧是！""再说一点！""吓了一跳！"等诸如此类，偶尔在谈话之中穿插一句话作为回应，会令对方高兴并且认为"你对他所说的话有兴趣"，最终就会打开心扉。

听人说话时，适当加入"附和""插话"，这两项组合就是聊天的最佳回应。

如果有人对你说："昨天我买了有生以来的第一张彩票！"你可以这样接话——"你第一次买吗？为什么突然想买呢？""不错啊，你买了多少钱？""如果是第一次买，一定会中的。人家常说新手运应该是有道理的！""要是中奖的话，你想买什么？"

要如何回应对方虽可自由发挥，但只回个"嗯""这样啊"这几句，是不够的。适时掺杂几句短短的感想或问题，能有效扩展话题。

Key Point 掌握回应对方的诀窍，就可以使谈话对象情绪高涨，聊得更起劲。

⑤ "鹦鹉回话法"能突破心防，陌生人变得有默契

成为聆听高手的秘诀里，有一招叫作"鹦鹉回话法"。无论再怎么不会说话的人，学会这个诀窍后，立刻就能派上用场。所谓的"鹦鹉回话"，就是将对方所说的话，原封不动还给他。

"这个假期你去哪儿了？"
"跟我老婆去了京都。"
"京都吗？"
"嗯，我喜欢有历史的街道，而且我也是初次住在祇园里。"
"哎呀，你是第一次去住祇园啊？"

借由重复对方讲过的话，表达自己确实有理解对方所说，能

令人感到安心踏实，对方也会认为他讲的话有被听进去。当人们逐渐卸下心防之时，彼此就会聊得欲罢不能！

对方若向你说"谢谢你"，比起你回"不不，你别客气"，不如回他"我也要谢谢你"。采用这种鹦鹉回话法，比较有机会让人展露笑颜。相应地，对方要是发出"嗯，好痛""啊！真辛苦"等负面牢骚，也能用"真的很痛吧""实在是很辛苦"这样重述对话内容的回话方式，对方会感觉聆听者好像能分担疼痛似的，从而放松心情。

Key Point 谈话中适度地运用"鹦鹉回话法"，能给予人极大的安心感。

⑥ 洞悉对方说话"情绪"，再决定接话"语气"

附和、插话、鹦鹉回话，无论哪个方法都是聆听高手为了巧妙回应他人而采用的高招，但要是漏掉了"感情"就糟糕了。你必须看出对方是以高兴、悲伤、快乐、寂寞等哪种心情在说话。

想促进彼此关系，跟人聊得起来，除了要弄清楚对方的心情，"投入感情地接话"也是关键。若是对方这样跟你说：

例 ❶ "这个周末是久违的休假，打算跟家里人去迪士尼乐园。"

例 ❷ "这周末虽是久违的休假，但是上周妈妈病了……预计要回老家探望。"

例 ❶ 对说话者而言显然是个开心的计划。按照这个情况，接话的内容就是跟对方一样兴致勃勃地回应他："那真不错啊！"对方听了应该会开心，话题也能继续下去。

例 ❷ 对于说话者而言是个担心的计划。所以面对低声说着"妈妈生病了"的对方，以同样语气回"这样啊……不过待在生病的妈妈身边，妈妈才会心安吧！"会比较好。若是在此时嬉笑着回说"这样啊"，人品就会遭到怀疑；或是跟平常一样，语气平淡地说"啊，是噢！"容易给人留下冷淡无情的印象。因此，带着恰当感情的回话是很重要的。

投入感情的巧妙插话诀窍，必须十分留意对方声音的音调、大小、高低、节奏、表情、视线等等，并以相同的语调回话。

"儿子得了盲肠炎……"
"啊，没事吧？"（同样困扰似的回话）

"我保龄球打出了最高分哦！"
"噢，这样很厉害呀！"（回以同样起劲的语调）

"手机掉到浴缸里了！"
"啊！很心疼吧。"（回以同样无精打采的表情）

"这次我被指派当店长了！"

"哇，恭喜！"（表现出认同对方实力的表情）

特别是女性，会对承接自己情感的人产生安全感和好感；如果聆听者是位男性，那种好感也常会发展成爱情。要是男性在谈话中，特别使用带有情感的鹦鹉回话法，也会变得受欢迎。

> **Key Point**　带有恰当"感情"的鹦鹉回话法也是良好沟通的基本前提。

⑦ 对方话题很无趣，怎么接话转移

每个人个性不同，所以有时也会对对方说的内容没什么兴趣。例如对方说"现在对高尔夫球很有兴趣"，但是你自己对高尔夫球完全不熟悉，可是又没办法转移话题。

对于"无聊的话题"，转换方向接话

为了能与像"高尔夫球"这种自己不感兴趣的话题连接，尽量抛个"想知道对方个性、品格"的问题，或"自己感兴趣"的提问，就能解决你的困扰——

◎ 想知道对方个性、品格的问题

"你为什么会开始打高尔夫球呢？"

"打高尔夫球在何时会觉得开心？"

◎ **自己感兴趣的问题**
"像我这种不擅长运动的人，也能打高尔夫球吗？"
"刚打高尔夫球，要花多少钱？"

要是勉强迎合对方说"现在很会打了吗？"被你这样一问，对方就会回你"最近总算得分超过一百了"，话题很可能往专业性的方向前进，只会让你接话更辛苦。

矫正"心不在焉的习惯"

难以专注或对他人说话不感兴趣的人，有着不注重"眼前这一刻"，只想着过去或未来事情的习惯。

"我刚才把工作搞砸了……"（过去的事情）
"今晚要吃什么呢？"（未来的事情）

跟人聊得正起劲时，脑海中会不会浮现出类似的"对话框"？这种心不在焉的感觉，一定会传达给对方的。若是让人觉得："啊！这个人没在听我说话。"即便只是一瞬间的感受，别人对你的信任和好感度也会大打折扣。

"心不在焉"是沟通的大敌。

不过临时的一段对话,就要"专注听对方讲话"是有些困难。所以先要养成平常上班专心工作,游玩就认真玩乐的习惯。熟悉转换心态的技巧之后,心不在焉的次数就会减少。请务必练习看看"专注眼前的这一刻"。

> **Key Point**
> 对于自己不感兴趣的话题,就问些关于对方品格或自己关心的事情。

❽ 扩大交友圈，"回馈原理"很重要

"对钓鱼的话题没有兴趣啊……"要是遇到毫无兴趣的话题时，可以问对方"为什么会对钓鱼有兴趣？"来开启对话。或是将话题扯到对方身上。这些在前面的章节有提到。另外，在这边再跟各位提个截然不同的解决之道。

若是遇到自己不感兴趣的事物，为了创造话题，可以既不提自己，也不讲对方，而是利用第三者提出问题。

举例来说，为了以后能跟自己身边爱好钓鱼的人聊聊关于"爱在海边钓瓜子鱲、黑鲷的朋友"这种话题，你可以事先问朋友一些与钓鱼相关的事情。

如此一来，当遇到对钓鱼有兴趣的人，就可以跟他有话聊。对方也会开心地表示："那很有意思哦！""我正好在找喜欢到海边钓鱼的朋友，下次给我介绍一下！"谈话就会出现这种定向。

我也常觉得对方跟另外两个朋友可能聊得来，因此给两人牵线。结果是双方都欣喜万分，向我道谢说："谢谢你介绍这位朋友给我认识。"

当你时常给人介绍朋友，自己被人推荐出去的机会也会增加，这就是所谓的"回馈原理"。假设你是单身，宣告要"找个恋人"，别人介绍"不错对象"给你的概率也会变高。只要懂得利用"回馈原理"，就能获得更多信息，或是工作机会，可以说是好处不断。

将话题设定成"为了第三者提问"，如此认真参与对方谈话的样子也容易博得人们的好感。

若是不感兴趣的内容，没有能"马上想到"的对象也没关系。你可以想象有个"未曾见过的某人"，替他打听这些话题，和对方的邂逅、谈话也不会白费。

Key Point

不感兴趣的话题，利用"第三者"向对方提问，能扩展人际关系。

⑨ 多方见闻的"小道消息"，
   接话题材的宝库

脑筋灵活的人无论面对什么对象，都能巧妙地加入："原来如此，长见识了！""这就是那个意思吗？""这里是否可以再详细教我一下？""这是很好的建议，谢谢！"这样的接话内容，除了可以令对方心情好之外，还能吸收到各式各样的知识。

利用有价值的"内幕情报"

其实这种听过很容易就"忘了"的"小道消息"，才是在很多时刻为你带来莫大帮助的资讯。

例如，同事说："某个部长绝不看没归纳成一页的企划书。"像这类的事情若是在做企划书之前就听说了，不但能省去写上数十页没用的企划书的时间和麻烦,也可避免多次拿着冗长企划书给主管,让上司对自己有不好的印象。

平常多注意这些琐碎小事,就能让你在职场上获得主管的青睐,进而有加薪的机会。

还有你可以问在聚会上初次见面的人:"江之岛电车的长谷车站很适合居住的理由是?"等到自己哪天想搬到江之岛电车线会经过的镰仓市时,"江之岛电车的长谷车站很适合居住"的消息就会有所帮助。这也是房产资讯杂志里没提到的"小道消息"。

借由储存"小道消息",不仅可增加"引出谈话"的题材,将来也能转述给别人,成为与人聊天的话题。另外,告诉对方许多实用的资讯,别人也会因此感激我们。

经常倾听不同价值观,能促进自我成长

我们可以试着从对方的谈话中了解他的价值观——

"要是吃了肉,就再吃三倍量的蔬菜,能让血液畅通。"

"美国是离婚大国,不过有个事实不太为人所知——美国有92%的亿万富翁没有离婚的经历。"

"每年一定要利用有薪假去旅行,远离日常的烦恼,也能冷静地思考及规划人生。"

常听人说话有机会遇见和自己不同的价值观念。接触各种不

同的想法，便能拿来学习或当成自身价值观的反面教材。比起单靠个人的经验学习，更可无限拓宽视野，快速自我成长。怀着这样的念头，你就会很想倾听对方说话。

> **Key Point** 与人谈话，不但可以见识到不同的价值观，也能让你加速成长。

> **五分钟速记本章重点**

◎ 迅速成为"容易聊天的人",要注意"表情动作看起来很开心""声音语调开朗有精神""活泼的回答"这三点。

◎ 人类希望被倾听,所以善于倾听的人被视为珍宝。能做到"不打断别人说话,听到最后",就已满足对方想诉说的心理。

◎ 平日对事物的反应要开朗积极。让周边的人看见你认真回应的态度,能给人"跟他说话不会被忽略""说话不会受攻击"的安心感。

◎ 聆听高手搭腔附和、插话次数比别人来得多,并且会参与几句感想、提问等,给对方的回应也有较多变化。

◎ 用"鹦鹉回话法"把对方说过的话原封不动回过去，使人觉得你有认真听他说话，能给予对方安心感，卸下他的心防。

◎ 回话之中，最重要的是"带有恰当感情的鹦鹉回话"。无论讲了多少话，不带点感情的谈话，会令对方无法信任你。因为人们容易对"跟自己有相同看法的人"产生好感。

◎ 对于自己不感兴趣的话题，就问些关于对方品格或自己关心的事情。

◎ 对对方所说不感兴趣时，可利用"第三者"创造话题。不但能够减少无益的对话，还可以专注对方所说的话，这是一石二鸟的好办法。

◎ 成为聆听高手，能获得有利的消息或机会。所以无论是人际关系还是工作上的技能，都会大幅度地快速成长。

第二章

熟练运用"万用话题"秘籍，立即变身聊天接话高手

若把对话比喻成运动，闲聊就是"暖身运动"。切实做好暖身能避免受伤，表现更加出色；相同的，一开始就把气氛炒热，不只避免谈话间出现误解，还能加深彼此的关系。在大家面前说话会慌张的人也可借此逐渐放下心中的包袱。

1 高明"闲聊术",能卸除紧张又看穿个性

你是否曾突然问刚认识或只见过几次面的人这种私人问题——"你家孩子哪个大学毕业的？""现在在哪儿高就？""年收入是多少？"

虽然你是基于想了解对方的心情，但聊天的大忌就是急于探听别人的事情。况且现在是个注重个人隐私的时代，突然问及私事，就会引起对方的防卫心。想跟人聊得愉快，就要注意谈话中是否给人压力。

闲聊的重点是别给对方压力

闲聊的功能就是"跟对方不熟也能聊"。话题可针对"大方向"或"各种类型"，只要不会令对方不开心，想聊什么内容都

可以。闲聊有以下优点——

❶ 卸下彼此的心防和消除紧张。
❷ 不需要得出结论,不会造成意见相左或精神疲劳。
❸ 能知道对方的个性和兴趣。
❹ 可以不经意地表达出自己的个性。
❺ 委婉地传达"好感"给对方。
❻ 跟认识的人闲聊,轻松愉快地消磨时间。

闲聊能用于初次见面或是工作上的伙伴,即使是熟人也可以。"见人就闲聊"能提升彼此的关系。若是拜访客户时,大家寒暄完就一片沉寂,之后又马上切入正题,是很不合常理的。

闲聊可炒热气氛,更能看出对方本质个性

若把对话比喻成运动,闲聊就是"暖身运动"。切实做好暖身能避免受伤,表现更加出色;相同的,一开始就把气氛炒热,不只避免谈话间出现误解,还能加深彼此的关系。在大家面前说话会慌张的人也可借此逐渐放下心中的包袱。

与其过问他人的私事,**不如单纯闲聊更能看出对方的兴趣、金钱观、工作内容、喜好等**,对于你的工作及人际关系会有所助益。

闲聊的秘诀就在于放轻松，享受"谈话之间传接球的游戏"。

"星巴克一杯咖啡要价 500 日元以上，仔细想想这真是奢侈品。"

"这种心情我明白，其实喝杯办公室里的即溶咖啡就很满足……不过星巴克店里的气氛跟服务真的很好！"

"就是啊，不仅可以悠闲舒适地坐在沙发上消磨时间，还能专心工作、读书。另外，再搭配上轻松自在的背景音乐，也能够让心情沉静下来。星巴克卖的不只是咖啡，还有气氛。"

"卖气氛？你说到重点了……这么说来，外带的人不就无法享受到这种气氛了？星巴克应该给外带的人一些折扣才对啊。"（笑）

"那倒是！"

只是两三分钟的交谈，就可以从中了解对方的价值观和金钱观，也知道何种话题能使谈话对象开心。利用闲聊更能看见对方的"本质"。

> **Key Point** 与人见面就轻松闲聊，不给对方沉重的压力，气氛活络自然就能聊不停！

❷ "七大话题"放口袋，和谁都能聊得开

不擅聊天的人往往话题很少，可以先学几个闲聊话题，无论跟谁都能聊——

❶ **安全话题，能用来开启对话：**工作、天气、健康、新闻、演艺、街道、交通。

❷ **容易有同感的话题，可提升彼此情感：**年龄、时代、出生地、居住地、共同的朋友、熟人、家庭。

❸ **聊得起来的话题，聚餐时派得上用场：**食物、餐厅。

❹ **称赞对方，引出他感兴趣的话题：**时尚、美容、体形、减肥、健康。

❺ 能让对方开心的话题，可明白对方价值观、了

解其人品：兴趣、技能。

❻ **随意的话题，话题不受限，随处都好用：**周边的人、事物、风景、发生的事情。

❼ **分享心情的话题，用于增进双方感情：**高兴、生气、哀伤、快乐等心情。

> **Key Point**
> 聊天前多准备几个能和对方聊的话题，与人聊天怡然自得。

③ 熟练运用"万用话题集",怎么接话都不失误

请先把"工、天、季、健、新、艺、街、交",即工作、天气、季节、健康、新闻、演艺、街道、交通等万用类型记起来。

任何人对这些安全话题多少都会感兴趣,因此就能用来与人闲聊。

可快速开启对话的话题

❶ **工作:** 前提是知道对方的工作性质,可加入以下的惯用句——

"你看起来很忙啊!"

"你很积极投入工作哦……"

"今天休假吗?"

想知道初次见面的人从事什么样的工作,可问对方——

"你做的是哪方面的工作?"
"你口才很好呀,是做业务的吗?"
"今天休假吗?"
"从你的打扮来看,从事的是创作方面的工作吗?"

不要开头就问对方在哪间公司上班,建议采用间接的方式提问。为何不要直接打听对方在哪儿工作呢?

这牵扯到有些人是因为"工作内容要保密""现今做的工作并不顺利",所以会有人不想讲自己在哪儿上班。边聊边观察对方的反应,工作话题还能聊就继续讲,若聊不下去,之后再深入去谈有关工作的事也不迟。

❷ **天气**:人类史上最古老的话题,就是"天气"——

"天气热到要中暑了!"
"看云的样子傍晚像是要下雨了。"
"这猛烈的强风是初春的大南风吧!"
"今年是台风年哦……"

平时多注意气象预报，能把天气的情报说得更准确清楚。例如，"明天气温要比今天低 10 摄氏度！"

知道正确的天气消息对大多数人而言不是坏事，也能让对方有话可回："这样啊……那明天去赏花多穿一点比较好吧。"

❸ **季节：**季节转变的景色，当季的食材等。四季本身就是聊不完的题材——

"周末要去赏樱花！"
"今年梅雨季下雨的概率应该很低吧？"
"我昨天在逛卖场的时候，看到虱目鱼很快就卖完了！"
"看这景色……真的到了毕业的季节！"
"到了星期五，整个人又生龙活虎起来！"（月历、星期或日期适合用来聊天）

❹ **健康：**担心对方的健康，很多人会说——

"最近过得好吗？"
"你好像没怎么变。"
"流感似乎大流行了！"
"之后某人情况有好转吗？"

"你戴口罩是因为花粉过敏的关系吗?"(如果双方都有花粉过敏症,彼此就会有同病相怜的感觉,自然就聊得来)

顺带一提,不能从外表对女性说否定的话,像"你脸色不好""看起来很累"等。这样对方谈话的热情一下子就会被浇灭,说话的气氛也立刻僵化。

❺ **新闻:** 人们会对最新消息"感兴趣"。例如,在奥林匹克运动会期间说:"昨天看到某位选手的泳姿好美噢!"也可以跟人聊些与本国相关的话题,若是自己国家选手拿下金牌,这种好消息能让彼此聊得更起劲——

"下周 Apple 好像要发布新产品。"
"昨天车祸有 5 个人死亡,真的不能酒后开车。"
"很讶异 A 公司和 B 公司合并了。"
"昨晚的地震晃动了很久吧。"

也可以是类似的新闻话题,随机选几个来聊。挑选一些连中小学生都知道的社会现象,这种就是安全话题。假使还能依照对方的年龄、立场、个性选新闻话题,更能跟人不断地聊下去。

❻ **演艺圈**：电视、杂志、运动新闻这类与生活息息相关的大众休闲题材，也可拿来当作彼此娱乐的聊天话题——

"好惊讶噢！A和B闪电结婚了哦！"
"听说歌手××战胜了癌症，复出歌坛了！"
"红白艺能大赛的压轴确定是由××出场噢。"

演艺圈的好坏消息都可以被拿来闲聊——

"最近××是不是看起来老了很多？"
"曾经是偶像派的××是不是有去整形？"

❼ **街道**：街道上的"商店"也是很好聊的话题——

"明天车站前那间番茄火锅店终于要开业了。"
"车站前曾取缔过违规停车。"
"前几天去了京都的伏见，那里有间拉面店叫'地球上最厉害的拉面'，名字取得很特别吧？"

"广告看板""排队""装潢""结束营业大拍卖"等，逛街时多注意路上各种信息，沿途就会不断发现闲聊的题材。把沿路所见所闻转化成谈话内容——

"这条街上学生很多啊!"

"咦,有没有闻到烤肉的香味?"

"枫叶真漂亮!"

❽ **交通:** 从我们每天搭乘的计程车、电车、公车、飞机等交通工具也能开启话题——

"真烦!今天早上快速道路塞车……"

"明天就能坐到最新型的新干线列车了。"

"最近 A 航空的服务比 B 航空好。"

留意你身边的人们也是很好发挥的题材——

"今天早上有个办公室小姐一上地铁就开始化妆,三十分钟之后她美得像是换了个人似的!"

九大心法诀窍,接话没顾虑

❶ 感受季节。

❷ 把月历、星期的特别之处记下来。

❸ 仔细察言观色。

❹ 注意对方身体状况。

❺用心看报纸和新闻节目。

❻多注意流行的人、事、物、场所等。

❼观察上班途中的风景、人物等。

❽多关心周遭事物,自然遍地都是聊天题材。

❾你的话题清单越是丰富,越不会有"没有办法接话"的顾虑。

> **Key Point**
>
> 闲聊就是活用"工、天、季、健、新、艺、街、交"。

❹ 善用"相似法则"找话聊，亲密度倍增

若是初次见面的人，他的年龄、出生地、家庭成员和自己有相似之处，你会不会觉得对方很有亲切感？

"相似法则"，能建立彼此共同意识

人会对"跟自己相似的人"产生好感，心理学称为"相似法则"（law of similarity）。想让对方对自己有亲近感，就通过聊天找出彼此的"相似点"。

"你学生时代喜欢过什么样的音乐？"

"我喜欢 GRAY（日本歌手），我念大学的时候是他的疯狂粉丝。"

"你大学时就粉GRAY？那跟我同一个年代的，我是1981年生人，你呢？"

"我是1982年，原来我们年纪差不多啊！"

"是啊，当年那场在户外举办的现场演唱会云集了20万粉丝，可说是前所未有，我有去听噢。"

"我也有去啊！原来我们都在那里。真不可思议，好有缘分噢！"

对方跟自己年龄相仿又有相同经历，彼此的共同话题越多越有亲切感。顺便提一下，若是直接问女性："请问你几岁？"是很失礼的，稍微迂回问对方："学生时代喜欢听什么音乐？"观察对方的反应之后再回话。假如她经历的年代跟你一样，就以此为话题继续接话。

容易有"共同点"的题材

◎ 出生地、居住地

"你在哪儿出生的？""住在哪边？""你是说××小学，不就跟我一样？我小时候也在那儿念书。"——找出彼此的"共同点"，对方就会把你当成自己人。

"你说吉祥寺？我读大学时就住那附近，商店街的那家餐厅现在还有营业吗？"利用过去的记忆，也能拓展话题。

◎ 共同的朋友、熟人

要是有相同的朋友或熟人，就可以问对方："你跟××以前就认识吗？""你认识在××公司上班的××吗？"和对方有共同朋友，就会让人有价值观相近的感觉，并衍生出亲切感。

"你在哪儿认识××的？""××的思虑周密是我学不来的！"把共同的朋友当成聊天题材，可缩短彼此间的距离。

◎ 家族

对于刚认识的人不要问他的家人、结没结婚、有没有孩子，这样比较不会造成对方的反感。

不过这种家族话题也绝非不能问。例如，手上戴着戒指的男人就有"爱妻或爱家好男人"的形象，所以这时候你就可以简单问："你已经结婚了吧？"对方要是笑着回"有一个5岁和一个3岁大的女儿"，你就可以接着跟他聊聊关于家庭的话题。对方若没什么反应，临时转换成别的话题也行。这不是你的问题，只不过对方对这类话题没什么兴趣而已。**闲聊是要"轻松聊"，不需要想太多。**

Key Point

"时代""出生地""居住地""共同的朋友、熟人""家族"是容易找到共同点的话题。

⑤ "食物话题"最能聊，容易发挥又好搭话

"难不成你能吃辣？"

"我最爱吃辣的！在我家辣椒酱是必备的噢。"

"我也是啊！我最喜欢超辣的口味。有哪间店你吃过觉得不错的？"

"最近新宿有间卖麻辣拉面的店很好吃噢！"

"啊，那太棒了……上头再放些炒焦的葱会更好吃噢！"

"真的吗？那一定要试试看啊！"

聊到关于吃的话题，两个人立刻就意气相投。不但能轻易找到双方的共同点，也能马上拉近彼此距离。

像是拉面、甜点、烤肉、平民美食、吃到饱的自助等，各

种吃的东西都能当聊天题材。不过以"食物"为话题，就必须事先研究你要讲的"食物题材"；当对方深入追问时，你也能马上回答。

"说到烤鸡肉串，就得提到那一口咬下去仿佛要融化的'鸡屁股'。鸡屁股油脂含量很高，口感极佳。很可惜一只鸡只有一个屁股，一下子就吃完了。"

若想以食物为话题，可预先准备几个对方觉得有趣的内容，像是"关于烤鸡肉的小知识""推荐名店""私房菜"等，更能引起对方的兴趣。

Key Point 各类关于食物的话题都能用来闲聊，轻松和任何人搭上话！

⑥ "赞美"挂嘴边，好感度百分百

"你系的这条天蓝色的领带，看来品位不错啊。"

"你说这个啊？这是我女儿送我的生日礼物。"

"你女儿送的？跟你的西装很搭，领带结又打得平整，看了赏心悦目。"

"这也是我女儿要求这么打的，我就像个木偶给人操控……"

"这是爱爸爸的表现啊，而且品位很好呀，真令人羡慕！"

在上述的例子里，除了提到领带（物品），还有对方穿着的方式（能力、品位），连同女儿（重视的人）都一并称赞。赞美做得面面俱到，任谁听了都会高兴，自然能延续对话。

习惯逢人就夸赞，朋友必定倍增。因此请不要吝于赞美他人。

也许有人觉得不想奉承、说些言不由衷的话。但所谓的"称赞"指的是认为对方"很棒""很有魅力"，所以才坦率地说出口。赞美是要从心底说出来，若是你心里并不认同对方的优点，勉强赞赏是无法打动人心的。

另外，只要不是个性别扭的人，都会对称赞自己的人产生好感。想让人们对你有良好印象，从小事开始练习"赞美对方"吧。

Key Point

越常将赞美挂在嘴边的人，朋友就会越多。找出对方的优点，由衷地称赞能提升好感度。

7 聚焦"对方专长"让他说，聊再久也不累

闲聊时要知道聊天对象的嗜好或擅长的事物，因为喜好和专长都是他有兴趣的领域，所以作为聊天的题材，对方无论聊多久都不累。

"那台照相机很棒啊！是××牌的单反相机吗？"

"你知道啊？是最近刚出的新产品，不过操作很容易噢！"

"噢，铃木你平常都拍些什么？"

"我主要是拍些风景照。周末常去秩父、箱根拍照。"

"真有意思！好羡慕你对拍照有兴趣。像我这种初学者拍风景照能学得来吗？"

"可以的，只要稍微用点技巧，照片就会很不一

样。像这个功能是……"

对方会为了摄影在周末出远门,对他而言拍照是他的最爱,所以一定就是对方擅长的事情。只要是自己的喜好,无论是回答别人的提问,还是进一步谈些专业的知识,都会很乐意。

最好能够从日常对话里了解人们的爱好或专长。若是从谈话中也观察不出来,就直接问对方:"你的兴趣是什么?""有没有热衷的事情?"或先表明自己的嗜好,像是你可以说:"我最喜欢冲浪。""我念书时唯一的乐趣就是跟朋友打麻将。""最近我开始去上料理课,下回我打算买把菜刀回家练习。"

运气不错的话,他就会回你:"冲浪吗?其实我也玩的!"对方的兴趣或擅长的事情跟我们相同时,似乎在某些价值观上也会一样,因而产生"同伴"的情感。这蕴藏着可快速加深跟游伴或商业伙伴间关系的契机。

为了提高对事物的兴趣,平时多去体验各种事情。譬如有过一次经验,就可以说:"冲浪我只玩过一次,不过要掌握其中的平衡真的很难!"善于利用各式各样的经验对聊天都会有所帮助。

> **Key Point**
>
> 找出相同的兴趣,能促进人际关系的发展。平常尽可能多接触一些事物,才有众多共同话题可聊。

8 气氛冷场无言时,"即兴话题"怎么找?

在餐厅里跟同事吃饭,脑中已无话题时,要说什么比较好?

"挂在那边的是油画吗?"
"是油画吧!从画里的建筑物设计来看,大概是法国南部吧!看到这种悠闲的画风,总觉得心情能稳定下来。"
"这么说来,这间店的装潢好像走的是法式乡村风哦!"
"是啊,天花板外露式的横梁设计,给人的感觉很不错。"

对眼前的油画喃喃自语几句,就能跟对方有话可聊。很多时候一句随兴的话,可以令谈话有着意想不到的发展。看到这里,或许有人要说:"叫我随便说句什么,我怎么可能做得到!"

只要是目光所及的四周全都能成为聊天题材,让你说出口的概率是百分百。而且探察周边动静,还能提高我们观察事物的敏锐度。等你学会了这些技巧,渐渐就不会再感叹"没有话好说"。

将车站月台、咖啡馆、街道等事物纳入你聊天的题材,就可以提升"随时随地都能聊"的自信心并且消除聊不下去的不安感。

随意发言的重点就是"放轻松"。眼睛所看、内心所感受到的事物都可以拿来自言自语。像是随口说:"那个时钟设计是不是改了?""那个女服务生跟某女演员长得像不像?""窗户咔咔作响,是起风了吗?""啊!有乌鸦!"等等。如此一来就不用聊些特别需要别人费神的事情。

"那边穿牛仔裤的男人吃掉好多牛排。看他一身连摔跤选手都比不上的肌肉,就知道这人真能吃。"只要这位陌生人没察觉到你在说他,拿他当话题也很讨喜。

如果你说的事对方不感兴趣,他恐怕无心再听,最后演变成你自己在演独角戏。但是过于限制话题,就会令谈话乐趣减半,所以不用顾虑太多,非得刻意讲出有趣的话题。从"自言自语"开始,有时候也能跟对方聊起来。

> **Key Point**
>
> 无论到任何地方,映入眼帘的全是聊天的题材。

⑨ 适时说出"我也这样想的"，一句话俘获人心

无论在工作或兴趣上都与对方没有相似之处，但一聊就会有莫名的亲切感，或许是因为在"心情"上有着共同感觉的关系。

"进公司才两年就当上店长，太厉害了吧！"
"谢谢你的夸奖，这看起来像是特例吧。不过内部问题可是一大堆，我管理的可是二十间连锁店里营运最差的店。"
"是噢，那岂不是很糟糕？不过跌到谷底也不算坏事，现在已经是最糟的情况，再来就只有进步的空间了。"
"这样啊……也只好换个角度想了！"

这两人相同的心情是"升职开心""对未来感到不安"。说不

定之后接着聊的话题就是"如何提升销售业绩"。

所有情绪之中就属**共享"烦恼"**最能立即缩短彼此间的距离。心中的烦闷要有个人来听才能减轻压力,纵使没给出什么聪明的好办法,仅是回一句"是啊,我也这么认为!"就能让人一扫心中的阴霾。

除了烦恼之外,还有对高兴、生气、悲伤、快乐等情绪都给予认同的话,自然容易拉近双方的关系。太太抱怨说:"老公在家什么事都不做,真是令人生气!"若是对这种"不满"的心情感同身受,就能跟对方聊起来。

年长的男性们醉言醉语地说:"最近的年轻人真没常识!"他们相同的心情都是对年轻男子感到"生气"。兴奋不已的年轻人说着:"昨晚日本足球队展现了过人的实力!"他们的心情是同样"快乐"。

无法跟对方有着一样的情绪,试着找找"部分相似"也可以。例如 A 先生犯错了,主管不问缘由就在大家面前把他骂得狗血淋头,即便我们的心情无法跟 A 先生一样,你也应该能理解那种被骂的感觉,并懂得 A 先生心中部分感受,这时你只要说句"你真倒霉!"此种回话任何人都应该很容易做到。

Key Point　说句"你也很累吧?"对方就会觉得你的心情跟他一样。

⑩ "四种禁忌话题"，聊天的暗黑杀手

若你聊天的对象并不是所有话题都能聊，"宗教""政治""种族""思想"这四种聊天的题材最好别讲。这类具有强烈"排他性"的话题，若不是特别需要去讨论，就不要随意聊这类较敏感的内容。

"今天的众议院选举你有去投票吗？"

"啊？没……没有。"

"你这样不行！这是决定国家未来方向的重大选举，就这样把政权交给执政党，国家会大乱呀！现在投票还来得及，你赶快去！"

谈到政治性的话题会让对方觉得"你多管闲事"，要是讲到

最后吵起来也不稀奇。这种谈话内容带有"一定得去选举""执政党不好"的价值观。但是关于"要不要去投票",每个人有自己的选择权利。

"宗教""政治""种族""思想"这四种类型的话题,即使是关系很好的朋友也最好别去谈。除此之外,还有"政治思想强烈的文学或艺术""支持哪个球队"这种话题也有相同的顾虑,讲的时候也要注意;或是对现在没有孩子的夫妇说:"赶快生个孩子比较好!"也属于禁忌话题。

> **Key Point**　聊天的大原则是避免谈"排他性强的话题"。

Column

不追求完美对话，
才能摆脱恐惧压力

  不少觉得聊天很难的人都有些刻板观念，就是"话一定要说得漂亮""必须讲对方爱听的""最好说到对方会笑"，他们认为这样的聊天方式才叫"完美对话"。但其实"对话要活用"，根据你说话的对象、时间、地点，聊天内容就像变形虫一般变化万千，并没有所谓的完美谈话类型。

  如果对方想聊一些比较深刻的话题，但拘泥于"聊天就是要热闹快乐"的你反而无法察觉。因此没有必要追求"完美对话"，聊天内容可以朝任何方向延伸。

  不求对话说得完美，自然能摆脱压力和恐惧，聊天话题也会迅速朝你意料不到的方向发展。

> **五分钟速记
> 本章重点**

◎ 面对刚认识的人,以"闲聊"作为开头最好,只要对方没有不安,聊任何话题都行。闲聊能降低对方的警戒心和紧张感。

◎ 觉得聊天很困难的人往往是因为"缺乏话题",只要事先准备适合闲聊的题材就能解决这个困扰。

◎ 利用"工、天、季、健、新、艺、街、交"制造话题,并开始关心周边的事物,自然能在聊天之中带入这些题材。

◎ 找出与对方的共同点,能让人有亲近感,可以试着从时代、出生地、居住地、共同的朋友、熟人、家庭组成等方面去寻找。

- ◎ 由食物、运动、烤肉、喝酒、吃到饱的自助等各方面切入话题，比较容易得到共鸣。
- ◎ 称赞会令人开心，对方自然会对你产生好感，也会想一直跟你聊。
- ◎ 话题若是对方感兴趣或擅长的事，无论聊多久都不会累。另外，平常多去体验各种事物，也能提升我们的反应力。
- ◎ "随兴话题"任何人都能聊。眼睛所看、内心所想都可以拿来自言自语，最重要的诀窍是"放轻松"。
- ◎ 若是对方跟自己有同感会感到高兴。有相同的喜怒哀乐，特别是双方都有相同的"烦恼"，就能立刻拉近彼此的距离。
- ◎ 若不是各种话题都能聊的人，不要跟他谈论具有排他性的"宗教""政治""种族""思想"这类话题。

第三章

听出对方"暗示关键语"，接话有同理心，好感度将倍增

虽然跟上对方的步调回应确实很重要，但现实里有不少人需要时间整理思绪，说话的节奏也较为悠闲。但你因为怕陷入沉默，所以抢在别人回话之前开口，就是以自我为主的失礼行为。

① "顺势回问"，越聊越开的接话术

"你住在哪儿？"
"我住在埼玉的越谷。"
"这样啊……"
"嗯……"

许多人常担心自己像上面的谈话一样，跟人聊几句就无话可说了。单一话题的对话往往是一问一答，说个两句就结束了。聊天如同吹气球，一开始很重要。想将气球吹大，就得用力吹气，聊到顺利之前也需要一点努力。

以上面的对话为例，当对方回"我住在埼玉的越谷"时，可以有以下几种接话方式——

"要去越谷市,得搭哪种电车?"

"你说越谷吗?上个月我也去了越谷。还是第一次去越谷有名的 Lake Town 玩。"

与人谈话加入自己的经验就能拓展话题。或是请教对方:"越谷有名的是什么?"设法将问题丢回给对方。

我想也会有人因为怯场而说不出话,不过对话只要顺势而为,心情也能出乎意料的轻松。本章节将告诉各位聊得起来的接话法。只要把诀窍记在心里,随时随地都可使用。

Key Point 聊天如何"开始"非常重要!

② 对方反复说的语句，是炒热话题的关键

A："你住的地方跟办公室离得真近！"

B："嗯……不过我平常都在外面跑，几乎都不进办公室。现在已经习惯往咖啡馆跑，快变成Nomad Worker（游牧上班族）了吧……"

A："是噢……难得你家离办公室那么近，这样真辛苦！"

A并未对B回话的内容感兴趣，A只把焦点放在"家离办公室很近"，使得谈话内容就此结束。**聊天必须抓到对方回话的重点，并且把核心聚焦于对方感兴趣的话题，如此才能扩展对话。**

以上谈话重点在B提的"Nomad Worker"，若是你不懂"Nomad Worker"，就直接问对方："Nomad Worker是什么意思？"

这也是接话的一种办法。偶尔听到不懂的词汇，不用难为情或惶恐，因为人们在教导他人时容易产生快乐或优越感。坦白承认自己的不解之处，诚心发问，会令聊天对象心情愉悦。

若你知道 Nomad Worker 是指在"咖啡馆、家庭式餐厅、小酒馆等地方办公的人"，也可以把聊天重点放在"游牧式的工作风格"上——

"真羡慕你能在喜欢的地方工作。"
"你平常外出随身携带的笔记本是哪个品牌的？"
"有没有点一杯咖啡可以待很久的咖啡馆？"

当对方说出特别的事情或有反复说个不停的句子，这是我们可以加以发挥、开启一个新对话的好机会。特别是男生刚学了商业用语就会想表现自己学识渊博。谈话中对方不断喊着："Blue Ocean，Blue Ocean（蓝海战略）！"那你就可以顺势问："Blue Ocean 是什么意思？"对方应该会得意扬扬地解释给你听。

你可能会想"可否问这种问题"，这只是闲聊而已，不用太过于拘谨。这种问话方式既能连接话题也可获得新知，可以说是一举两得之语。

> **Key Point**
> 谈话中有不懂之处或出现对方常说的句子，可借此深入发掘话题。

❸ "数字"有弦外之音，暗藏期待等你接

对方说："我在一个月内瘦了10斤。"你是否只是简单回"很厉害啊"就没话了？

"通车要两小时""两天走完1500公里""一周加班超过30个小时""昨天连续花7小时看了3部电影"等对话里的数字都是接话题材。

例如，"一个月内瘦了10斤"这句藏着许多能发挥的话题，你可以这样提问："你在一个月之内快速瘦下来，有什么特别的原因吗？"

"你过去也在一个月之内急速瘦身过吗？"
"要怎么做，才能在一个月之内瘦10斤啊？"
"这样的减重目标谁都能做到吗？"
"瘦了10斤给你生活带来什么变化？"

"瘦了10斤你非常开心吧？"

除了上面的例子，若是听到人家说："坐电车通勤要花2小时20分钟。"脑中就得浮现以下问题，作为接话的契机：

"为什么要住在需花2小时通勤的地方？"
"公司在哪儿？你住在哪里？"
"通勤都要走哪些路线（转乘哪些电车）？"
"在这2小时的通勤时间里做什么事打发时间？"
"2小时的通勤对你来说是轻松，还是辛苦？"
"有没有打算搬家？"

说话者会"特别提的数字"多半都是带有意义的，他们期望聆听者能有"惊讶""赞美""安慰""生气"等反应。数字里隐藏着说话者的情感，并且在他们透露出的数字中可找到接话线索。透过数字能了解对方的"真心"或"心情"，就更能拉近彼此的内心。

Key Point 谈话里出现的数字即是接话的好机会，找出数字里隐藏的弦外之音！

❹ "有趣的共同经历"，气氛越来越好的妙招

事先准备"炒热气氛"的话题回应对方，比如像"自身经历谈"。与人分享自己的经历就是利用心理学"自我揭露"（Self Disclosure）——经由告诉他人自身感受，或将别人原本不知道的关于自己的事说出来，进而引导对方"他人回馈"（Feedback Solicitation），经由别人分享，让我们也可了解原先不知晓的事情。不但能让自己敞开心扉，还能令对方轻易地卸下心防。

A："天气预报说午后可能有雷阵雨。以防万一，我带了折叠伞出来。"

B："说到雨伞，我觉得还是折叠伞比较好，放在包包里比较不容易弄丢！我前几天带长伞出门，不小心把伞丢在电车里，结果还是去买了把折叠伞。"

A："那我这钱花得有价值。我以前也是丢了一把

刚买的长伞，从此以后就决定买伞只买折叠伞。"

B以自己"将伞遗忘在电车"的经历连接A所提的"折叠伞"话题。对此，A也坦白地说出自身遭遇，因而两人都拥有共同的失败经历。如此一来，就能消除彼此内心的隔阂。

举例来说，对方说："我今天的晚餐是去一家牛丼店（牛丼饭是一道由牛小里脊、洋葱、米饭等材料制作成的美食。）吃的噢，虽然那家店很久没去了，偶尔吃一次还是觉得很美味。"听到这句话时，马上想想看自己有没有关于"牛丼"的经历，就可以回说："是啊，其实我也很爱吃牛丼。每个礼拜一定要去吃一次，不然就会瘾头发作……"——养成利用自己的经历回应对方的习惯，别人就会觉得你很好亲近。

要是实在想不出相关的自身经历，转述别人的经历也是一个方法。像是说："提到牛丼，我有个朋友很厉害，他曾经外带牛丼在电车里吃！"

若连朋友的经历也没有，就改变回应方式。你可以说："听说煮牛肉加入奇异果，牛肉会变软！"举出"小常识"或"小道消息"来接话。简短说些自身有趣的经历，并留点时间给对方说话，就能引导大家一起聊天并且炒热气氛。

Key Point

以"自身经历谈"回应对方，较容易让人敞开心扉。

⑤ "加一句话"的回话，对方不必费心找话接

当对方说："你今天是骑自行车来的吗？"你回："是啊，骑自行车来的。"对方就会接话说："这样啊……"

若你只是复述对方的话当作回应，那对方也会给你像上述"这样啊……"的乏味接话，你之后就会慌张地想："啊——没话好说了，接下来要问什么才好？"所以当你回应对方时，可像下面的例句一样，在你的回话之后再加上一句话——

"嗯，是骑自行车来的。最近运动量不够，胖了6斤啊……"

"嗯，是骑自行车来的。因为天气太舒适了！"

"嗯，是骑自行车来的。能够快速从塞车的车阵旁通过让我有种快感！"

"嗯，是骑自行车来的。因为汽车要检测，还在检测场里，所以才骑自行车来。"

回答问题时，别只说"是"或"不是"。利用回话再加上一句话的方式，对方只要针对你所添加的那句话回答即可，不用再想其他话题，才不会造成对方不知如何回应你的窘境。对于不擅提问的人来说，即是"顺水推舟"的谈话：

"最近运动量不够，胖了6斤啊！"→可以接减肥的话题。
"因为天气太好了。"→可以接季节的话题。
"快速从塞车的车阵旁通过，让我有种快感！"→可以接道路状况的话题。
"其实是要检测车，把车留在检测场里了。"→可以接检测场的话题。

"加一句话"的回话方式，是为对方着想，让他跟你说话没有压力。别人会觉得你"回话回得很好，跟你聊天很轻松"。自然就有高人气。

在此，容我提个问题给读者们："你现在看的书有趣吗？"请练习上述句型后再做回复，别让我再伤脑筋去想后续话题！

Key Point

回应尽可能别只回"是"或"不是"。在回话之后加上一句话，让对方能接续你的话。

⑥ "5W1H",导引话题的利器

连新闻记者也会掌握的六大重点:

· Who(谁)

· What(什么)

· When(何时)

· Where(在哪儿)

· Why(为何)

· How(如何)

"5W1H"是"传递消息必备的六大要素"。常应用于新闻报道,借以让人容易理解新闻内容。一般的提问、接话中,这六大要素也同样适用。

"上回遭小偷了……"

"啊！遭小偷了？什么时候？"（When）

"上礼拜天。"

"被偷了什么？"（What）

"我的包包被偷了，里面有钱包，还有记事本。"

"啊！真是飞来横祸！在哪里被偷的？"（Where）

"在品川车站的月台打电话时，我把包包放在长椅上。打完电话一看，长椅上的包包已经不见了……"

对话重要之处就用"5W1H"提问，可以追溯出对方"曾做过的事"，借以得知事情的全貌。

Key Point

就算对方不善言辞，利用"5W1H"也能引出话题。

⑦ 别为"接话慢的静默"着急，抢话只会失礼

假如你努力想讨好别人，总是觉得"不讲些什么不行"，却一句也说不出来的时候，不用强迫自己想出话题与人聊天，给对方"思考空间"并且静待他开口，就能跟人持续对话。

聆听时不能慌张，别急着把对话填满

A："你喜欢吃菜噢？所以讨厌吃肉吗？"

B："不，不是讨厌……"（沉默几秒）

A："明白！明白！因为你主要吃菜都吃饱了，吃不下肉了吧！"（慌乱地填补沉默的空白）

B："啊……"（又沉默数秒）

A："对！对！那我是不是也学你以吃菜为主好

呢？"（又焦急地要填满沉默的时间）

B："……"

只是几秒钟的时间，每次当B沉默，A就设法填补空白，接二连三地插话，完全阻碍了B要说话的时机。"一时语塞"跟"没有开口的意愿"是两回事。如果再给B一些思考的时间，B应该就有话可说。

而A说："你主要吃菜都吃饱了，吃不下肉了吧！"也是独断地决定B的心情，会给人极大的压迫感。B也许只是单纯在减肥或是对肉过敏，不论是哪种情况，强行接话只会令对方失去回话的意愿。

无法"等待对方回话"，可能会产生沟通分歧。

虽然跟上对方的步调回应确实很重要，但现实里有不少人需要时间整理思绪，说话的节奏也较为悠闲。但因为怕陷入沉默，所以抢在别人回话之前开口，就是以自我为主的失礼行为。

善解人意的"等待回话法"

等待对方回答你问题的时候，若是释放出"赶快回话"的氛围，会令人备感压力，反而无法集中思绪。你要做的是酝酿"可好好思考再说"的气氛，只要脸上堆满笑容，表现出和蔼又游刃有余的表情给对方看。或是可以直接说："不好意思，出了个难题给你……你慢慢想没关系。"

　　情况许可之下,你就跟对方说:"我去厕所。"借机离开一下。若是时间充裕,还可以讲:"下次碰面再告诉我也行。"借此当作对方的课题,巧妙地给人留下思考时间是最棒的做法。等待对方回话亦是炒热聊天气氛的重要方法之一。

Key Point 提问之后,"等待"对方回话是一种礼貌。

⑧ 面对激动情绪，用"我懂你"取代"建议"

"真是够了！还说为了团队着想，职责就得分明，可是大家都不合作，竟然还说：'我们团队的强项就是各有各的性格，各自发挥能力啊！'不过就是些耍脾气的人啊。再这样下去我们的团队都要解散了！"平时不会失控生气的人说出这种话时，你会对他说什么呢？

在人们情绪激动、欠缺冷静时，不要评判对方是对是错，重要的是先让人看见你无条件支持的态度。无论多么想否定或劝诫对方，一定要忍耐，别说话并且坚定地表现出"我是最懂你的"。

可提建议的时机是等对方冷静下来，有心情接受他人建议的时候。若你发自内心为对方着想，就得先完全接受他激动的情绪。说来简单，但没有很深的"爱"是贯彻不来的——意思是说，要是有人能默默地让我们发泄情绪，你一定会觉得他很爱你。

我们回头看看这节开头的例子，千万不要一听对方说完就给建议："你是不是认真过头了？就随队员的意思去做一次呢？"反而应是很坚定地对他说："你要真这么觉得，就去做你想做的事！"

坚决的支持态度会令对方陶醉在其中。如果他本身也有所犹豫或反省，应该就会对你说："我这样做是不是不太好？队员的意见是不是也有些道理？"这就是**心里想接受他人意见的信号，此时你就可以讲点自己的看法**，悄然地给予对方鼓励："我不觉得你的想法不好。不过要是你有点犹豫，就试着和其他人一起找出彼此都能接受的方式，你觉得如何呢？"对方一定会说："好的！我试试看。"

> **Key Point**
>
> 如果有人百分之百支持自己的言行，人们就会感受到强烈的肯定感。

❾ "聆听抱怨"有要领，转移话题是上策

人们都不想去听别人抱怨，不过对象若是自己重要的家人、恋人、朋友、同事、主管等，为了消除对方的压力，适当聆听很重要。能专心倾听他人的不满，除了可提高自身包容力外，也能使气氛和缓。

会发牢骚的人就是因为承受的愤怒、压力已到极点。要是没让情绪沸腾的人发泄，他的愤怒、压力会因此爆发，恐怕最后矛头就会指向无辜的你。

首先把自己当作对方亲近的人，聆听他说话。倾听对方不满的情绪，必须把握以下四点，既可避免不必要的纷争，也不用消耗什么精力，你自然也不会疲倦不堪——

❶ 把自己当成对方亲近的人，听他说话。

❷ 不否定、不批判正在吐苦水的对方。

❸ **不袒护对方所抱怨的对象。**

❹ **不将对方的怨言听进心里。**

在听对方发牢骚时不否定他所说的话，也不袒护对方埋怨的对象。**抱怨的人不是真的想要客观正确的评判，只是希望有人能理解他的心情**，反正你什么都别说，把自己当成他亲近的人，回几句"嗯嗯"，听过就算。

话虽如此，假如每次都投注所有心力听他人抱怨，无形之中压力反而会找上你。若把这种郁闷听进了心坎，你就难以轻松持有听过就算的心情，所以第四项提的"不将怨言听进心里"必须特别注意！

把进入你心中的"负能量"排除，就是把自己当成避雷针。抛掉所听到的愤怒情绪，对你或是抱怨者都是好事。与其你异常激动地回应发牢骚的人，不如果断避开对方的愤怒，较能轻松排解听见的负面情绪。

当然抒发的那一方心里获得了满足，可是自己常听这种抱怨，心情也会跟着受影响。而且如果对方骂的那个人还是我们认识的，人家就会误以为"你跟被骂的人是一伙的"。所以当你听到有人在埋怨，赶紧换个话题才是上策。

Key Point　为了对方和自己的心理健康，把听见的抱怨当成耳边风。

⑩ 勉强开口打破沉默，
　　不易接话更尴尬

你是不是常遇到"这时候好像该讲点话，却不知道要说什么""对方似乎没要开口的意思，该怎么办？"的状况，每当这种时候，是不是特别尴尬？

常常有人问："受不了沉默该如何是好？"对于不擅长聊天的人来说，陷入沉默如同承受严刑拷打。应该会有许多人深信"经常不说话＝自己嘴笨的证据"。但对于擅长讲话的人来说，他们认为**沉默是"建立彼此信赖关系的机会"**。

比如在咖啡馆里看到超过5分钟以上都没交谈的人，不就是对彼此都很了解的亲友、恋人或结婚多年的夫妇吗？双方之间已建立难以动摇的信赖关系，所以就算对方刻意不说话也不会过于在意。

对于跟自己有着很深感情的伙伴而言，"沉默的时刻"并不会感到尴尬，而是彼此"心灵交流"的时候。把这种观念运用在尚未建立信赖关系的人身上，与他们相处时，若沉默来临，不必难为情，把它想成和对方共享"心灵放松、安心"的好机会。但该怎么去享受呢？只要想着"我跟你一同享受沉默"，带着微笑坦然接受即可。

放松心情环视周围，哼着自己喜欢的歌，微笑地看着对方的脸，悠闲的气氛能让对方安心并且认为"在一起没话说也没关系"，彼此从微小的信赖开始，进而建立起更深的感情。

其实谈话时沉默并没有所谓的好坏，觉得"不说话很糟"是你自己一厢情愿的想法。只要你别有负面的想法，就算静默几分钟，也不会让彼此关系疏远。

若只是耐不住寂静，不断想说话填补空白，反而会使得接话困难。只要持续对对方表示友好，静默的时间就不会令人难堪。懂得享受沉默，就能降低对谈话的惶恐不安。

Key Point

觉得"不说话很糟糕"是先入为主的看法。你能享受沉默，对方也会与你感同身受。

> **五分钟速记本章重点**

◎ 只要在谈话的开端稍加努力，之后就会聊得很轻松。

◎ 有"不常听见""对方使用频繁"的关键词汇出现，多半能成为接话机会。

◎ 对方的话里有数字出现时，是期望你能给予反应，亦是接话的题材。

◎ 用自己的经验之谈回应对方，是利用心理学的"自我揭露"。打开自己心扉的同时，对方也较容易敞开心扉。

◎ 在回话后面加上"一句话"，对方既不用另外找话题，对你的印象也会从"冷淡"转变成"体贴用心"。

◎ 用"5W1H"对不擅说话的人提问，能不断引对方说话。

◎ 当对方沉默时，不可为了让自己免于尴尬就急着接话。微笑等待对方说话是重要诀窍。

◎ 当人情绪激动欠缺冷静时，不批判对方的想法，让他看见你无条件支持的态度，这会令对方开心。务必等到对方冷静下来再给建议。

◎ 听到对方发牢骚或说他人坏话，不要把这些怨言往心里去。听的时候不批判对方，也不袒护被抱怨的对象，反正就是默默听着别说话。

◎ 沉默是建立信赖关系的机会。把它想成"我跟对方一同享受静默"并微笑着坦然接受。

第四章

坦诚示弱，聊天没压力，谁都想和你做朋友

一位法国哲学家曾说过："我们不是因为幸福才笑，而是因为笑带来了幸福。"这句名言暗示着：人的意念可以控制自我情绪。笑容能轻易地消除与人第一次见面所感到的"害怕""不安""紧张"等负面情绪。

① 说话"面带微笑"，制造好印象的必杀技

如果有人问："第一次见面时最重要的是什么？"我肯定会说："笑容。"

在网络上曾调查"给初次相见的人留下好印象的方法"，排名第一的就是"带着笑容说话"。

或许有些人会说："话题又不好笑，实在笑不出来。"就算你内心也这么认为，但为了建立初次见面的好形象，还是必须面带微笑说话。因为笑容能给人柔和感，从而让人心情开朗。

一位法国哲学家曾说过："我们不是因为幸福才笑，而是因为笑带来了幸福。"这句名言暗示着：**人的意念可以控制自我情绪。**笑容能轻易地消除与人第一次见面所感到的"害怕""不安""紧张"等负面情绪。

这位法国哲学家也曾经说过："悲观主义是心情所致，乐观

主义是个人意识造成。"换句话说，他认为"人们想要乐观地看待事物，自身意识就必须正面积极"。只要发自内心地觉得愉悦，并且对第一次见面的人展露笑颜，给人的印象就会比较好。

"笑容"无须花费太多心力，无论是谁都能立刻做到。与其勉强挤出夸张的笑脸，不如保持自然流露的笑容更好，就好比你看见可爱的婴儿或小狗就会不经意露出一抹微笑。

Key Point 决心让自己拥有"开朗"性格，展现笑容把负面情绪赶出去！

❷ "坦率说自己",没人会想防你

从第一次到后续几次见面,更了解对方的个性了,相处上也越来越融洽,你会不会因此感到高兴、放心?

你会这么想是因为**人类对于自己不熟悉的人、事、物,本能地容易感到恐惧**。当对他人有所了解时,自然不会害怕,心情也较能放松。

"他是怎样的一个人?""我说这话会不会被讨厌?"——与人谈话总是担心害怕就很难乐在其中,焦虑的情绪也会在聊天中传达给对方。比较聪明的做法就是自己先坦白地告诉对方:"我是怎样怎样的一个人……"

"坦率说自己",顾名思义就是对人们表示我们已敞开心扉,如此举动瞬间就能缓和他人的恐惧和警戒心——

"他看起来很爱说教,朋友给他起了个'博士'的绰号。"

"虽然我长得豪放不羁，但其实胆子很小，见到人多都好紧张啊！"

"她够邋遢，男友给她起了个'懒神附体'的绰号，似乎已经放弃改变她了。"

"我健忘到连自己都会怕，好烦啊……"

"我总是心直口快，常常没顾虑到对方的感受，但绝没有任何恶意。要有冒犯之处，请多多包涵！"

若对方先"自我坦白"，彼此没有距离感了，应该就会好聊许多——你内心不禁想"对方虽长相粗犷，不过确实如他本人所说，似乎相当紧张"，你原本战战兢兢的心情是否瞬间转化成了体谅对方，想缓和他人情绪呢？

以前面的叙述来说，要是有人回话："'懒神附体'听起来是个厉害的绰号。"（笑）那我们可以更具体地举出几个相关的例子，轻松就能接续话题。

坦率地说出自己的性格，对方也会跟进。试着让谈话对象坦白说出他的个性，第一次见面就能有很大的进展！

Key Point

坦率地说出自身"个性""特点"，较能跟对方相处融洽。

③ 帮自己的个性贴标签，任何人都会印象深刻

你是否有过好不容易跟对方交换了名片，一周后却被忘掉的悲伤回忆？或是烦恼自己嘴笨说不清楚事情？

给自己贴个"说明自我的标签"，有助于让别人记得你。标签的功效是用来说明你是怎样的人，使对方容易了解你。没有添加标签的自我介绍很难给人留下深刻印象，等到下次见面时，对方早已不记得你是谁，更是无助于职场的人际关系。

在公司的头衔虽也算是标签的一种，但仅止于表示"我是某公司的课长"，给人的印象并不深。

具体描述"自我标签"，在与人谈话互动时更容易让人记得——形容自己是"铃木代书"，还不如改成"写遗书的铃木"来得更好。对方一看便会觉得："什么？写遗书？"像这样有特色地标示自己更能加深对方的印象。

在一般交友场合，把兴趣或技能当成标榜自己的特点，能成功引起对方的好奇并且令人难以忘怀。与其说"我很注重健康"，不如具体地说"我每天早上会喝上1升的Acai果汁（巴西莓果汁）"。之后像是"acai是什么？""对身体有什么功效？""还喝到1升？"这些都是延续对话的好题材。

若下次再见面，对方看到你就会先联想到巴西莓果汁。给自己贴上的标签，日后也会顺理成章地成为别人跟你聊的话题。以上述的例子来说，对方很可能会问你："什么时候开始喜欢喝的？""要多少钱？""怎么饮用？"事先想好如何回应这些问题，等到别人问你时就不会手足无措。

> **Key Point** 具体描述"自我标签"，强化初次见面的印象。

4 聊自身工作，从简单的讲起，切忌卖弄

看懂以下句子的人究竟有几个？

"现在是时候投入像我们这种 Affiliater（联盟网）行业了。最近除了得大量做出对应 SEO（搜索引擎优化）用的 Backlink Site（反向链接的网站），SMO Tool（社群媒体优化工具）方面也得加强。Google 似乎不愿再添加新的搜索功能。所以那些 Know How（专业领域的知识）小技巧是派不上用场了。"

如果聆听者精通商业网络，大概看得懂以上那几句。如果对于商业领域不精通的人，心中可能会冒出无限问号吧？

人在谈自身专业的时候，容易认为倾听者跟自己程度相当。少数听者有无比耐心，每当听到不了解的专业术语就发问；大部分的人应该是内心充满疑问，听不懂干脆听过就将之抛诸脑后，同时还会觉得说话者没有考虑到那些专业术语会对听者造成困

扰，因而越听越心烦。

有些人就是"不想跟不体贴的人交朋友"，所以要聊关于自己的工作、技能、兴趣等，需先将对方视为毫无这方面的相关知识的人。如果你在意对方，自然会站在对方的立场来考虑，尽量说得简单易懂，让人比较容易理解。贴心的举动也会受到大家欢迎。

> **Key Point** 详加解说自己的专业给对方听，让大家觉得你是个体贴的人。

⑤ "直言自己的缺点"，
别人对你更有好感

　　Ａ："休假时都在做什么呢？"
　　Ｂ："我常去看电影！"
　　Ａ："噢！看电影吗？最近有没有什么好片可看？"
　　Ｂ："最近？那个……我最近很忙，都没时间去看了。"（流汗中）
　　Ａ："啊？"（内心不禁想："说看电影是骗人的？随便讲讲啊？"）

　　本来随口编句"自己喜欢看电影"并没有太大问题，不过对方接着深入追问电影相关话题，你就露出马脚而接不上话，别人就很难相信你说话的真实性。
　　聊到兴趣或度假的话题，有些人常会为了显示自己优秀的一面，刻意说一些平常根本不太会去做的事。

上一章节有提到心理学的"自我揭露"及"他人回馈"，指的是"敞开自己的心扉，能让对方卸下心防说话"。从另一方向来思考，这暗指若只想给人看见"美好""有能力"的自我，对方也不会让你看到真实的他。

过度遮掩缺点就不会跟对方有交心的一天，而且与人谈话的过程中总想着如何粉饰自身的短处，这样的聊天方式也很难令人乐在其中。若想脱离这种恶性循环，那就停止扮演"完美的人"，做回自己能让说话变得轻松许多。

"我没什么嗜好，所以只好无聊时喝点啤酒，日子也算过得惬意。对了！有什么好玩的事可做？"

"星期六、星期日我还要上班，你这样过日子真的好吗？"

与其做个旁人都觉得累的"伟人"，不如单纯做自己，大家也更愿意把相处起来"轻松"的人当朋友。

Key Point 做回真实的自己，让对方觉得与你聊天很轻松自在。

⑥ 提供"开心受用"的信息，谁都想和你聊不停

如何让初次见面的人下回还想再见到你？最简易的方法就是让对方认为跟你说话很愉快。能让对方聊得开心的方法，大致有以下三种——

❶ 营造"能让对方开心说话的氛围"。
❷ 提供"对方可用的信息"。
❸ 带给对方"快乐"。

第❶项就是成为聆听高手，好好去听人说话。重点尽量放在让对方"说他想说的话""照他想要的方式去说""依他的步调去说"。这样一来，就算不会说话的人也容易跟人聊得来。

第❷项提供的是"对方可用的信息"，例如"提到自助午

餐，我推荐上周在青山新开的一家××店"，或"上××网站可以找到既便宜又高级的旅馆"。如果你个性积极、对什么事情都很感兴趣、朋友又多的话，要你提供这些资讯应该不成问题。

第❸项是提供"快乐"，意思就是能让对方"展现笑容"。你可以说一些自己出糗的失败经验，借以炒热聊天气氛，更能令对方开怀大笑。

从❶到❸哪个是你能提供的价值？

心里想着"我能提供什么给对方"，就会自我肯定并觉得自己是个有价值的人。试着放宽心，与人聊天也会变得轻松。

> **Key Point**　提供有用的信息给对方，别人就会想再与你聊天！

❼ "对方说的话"下次再提及，最讨人喜欢

几个月后再次见面的 A 先生对你说："上次你说你喜欢的那间惠比寿（东京地名）的糖果店，我也去了一趟！"

A 先生记得你与他最初见面时所说过的话，再一次相见的时候又复述一遍，你听了有何感想？

是不是开心地觉得"真厉害！A 先生还记得那时候的事情"，同时也会对当初认真听你说话的 A 先生产生好感。在此使用的技巧就是在谈话里穿插"对方曾经说过的话"——

"上次穿的西装很好看，不过你今天穿的休闲服也很棒！"

"好久没见到您女儿了，她现在应该蛮大了噢？已上幼儿园了吗？"

"说到这个，夏威夷好玩吗？"

"上次说的那个 A 先生后来怎样了？"

虽然别人记得自己的事情，多少会觉得有点唐突，但是感动的成分还是较多，所以可多加使用这种技巧，找一些与对方在上回聊得愉快的事当话题。若是运用在工作上，你可以把对方说过的话记在手册里，或是写在他给你的名片背后。这个举动将会是下次见面时，立即缩短彼此距离的最大助力。

Key Point

再次见面时，把上回与对方聊得开心的事搬出来当话题，他就会觉得你有认真听他说话。

> **五分钟速记本章重点**

◎ "带着笑脸说话"是提升第一印象的诀窍,笑容能化解初次见面的不安。

◎ 对第一次见面的人,我们先坦白地说出"自己是怎样的人",可降低对方的警戒心,让聊天气氛变融洽。

◎ 详加解说"自我标签",能给他人留下深刻印象的,才是理想"标签"。

◎ 站在对方立场,用浅显易懂的话解说自己的专业会更受人欢迎。

◎ 停止扮演"完美的人",做回自己能让谈话变得轻松许多。

◎ 提供给对方"开心说话的氛围""可用信息""快乐",就能让人"想再与你谈话"。

◎ 记住首次见面的谈话,下回再见时提出来聊,可令对方感动。

第五章

迅速融入人群，害羞嘴笨也能学会的"混熟密技"

欧美人士就连一起搭电梯的人都会打声招呼，但是我们不仅很少向陌生人问候，即使是认识的对象也不常主动开口说话。因为身边尽是被动的人，所以只要我们主动一点，不但引人注目，还会特别受欢迎。

① "问候语 + 寒暄"，再怎么陌生也能融冰

有人向你"问好"，你就本能地回话说"午安，你好"，严格来说这并不算是已经"打招呼"了。真正的问候是由自己主动说"早""午安""辛苦了"。

欧美人士就连一起搭电梯的人都会打声招呼，但是我们不仅很少向陌生人问候，即使是认识的对象也不常主动开口说话。因为身边尽是被动的人，所以只要我们主动一点，不但引人注目，还会特别受欢迎。**"问候 + 寒暄"的方式可让自己显得更独特——**

"早！今天也是好天气啊。"

"辛苦了！你受伤的腰后来还好吧？"

对司机说："谢谢你，对我这个路痴来说，你真的

帮了我一个大忙。"

收到礼物就回:"谢谢!我一定会好好爱惜使用!"

问候之后,可接天气或关心对方的话题,这样能向人们传达你的善意。通过不断地主动积极问候别人,自己也可以积累信心并提高沟通能力,这是相当简单易学的技巧。

Key Point 日常生活中多练习"问候语+寒暄",有效赢得好人缘。

❷ "名字"有魔力，越叫感情越增进

打出生起，名字就是我们形影不离的好伙伴。大多数人都对自己的名字情有独钟，所以自然会对记得你名字的人产生好感。

比起直接问对方"喝咖啡可以吗？"在问句前加上对方名字，"山口先生，喝咖啡好吗？"显得比较有亲切感。名字蕴藏的力量无限大，不过若是不小心弄错别人的名字，情况也会更糟！

初次见面跟对方交换名片时，此技巧也能派上用场——比起只对他说"请多多指教"，跟对方讲："佐藤先生，请你多多指教！"更能快速提升好感度。

就算是熟人，聊天时多提几次对方的名字，除了能令人开心，还会越聊越热络。处于"倦怠期"的夫妇、男女朋友也可借此让双方感情呈V字形回温。将此方法用在写信中亦是同理，记

得在信里提及对方名字三四次。

而且**讲"名字"会比只称呼"姓氏"显得亲密。再者，若是能喊对方的"昵称"则又比"名字"更能拉近彼此的距离**。如果对方叫"王天成"，就可以以"王先生→天成先生→天成→小成"的顺序逐步称呼对方。

顺便一提，看见**对方的名片或印有他名字的书籍、著作（作品）就等同于本人的分身**，需视作跟他见面一般谨慎地看待。这是发展人际关系的过程中极为关键的一项。假如不小心把对方名字弄错，就得赶紧想办法纠正过来。曾有编辑搞错作家的名字，因而激怒对方的例子。

Key Point　多提及对方的"名字"，彼此的亲密感会更加浓烈。

❸ 把聊天当成"说故事",有画面更能吸睛

以下 A 和 B 所说的泡芙是相同的。两种叙述方式,你更想吃哪个?

A:昨天去了代官山一家蛋糕老店,吃了那里的泡芙。虽说外观平凡,价格才 150 日元,但跟其他名店相比,不仅价钱公道,泡芙甜度也刚好,让人吃过还想再吃!

B:昨天去代官山一家蛋糕老店,吃了他们的泡芙。老板为了做出当年他在"甜点之乡"法国吃到的那种感动滋味,耗时五年才研制出那种极品甜点。甜度适当的奶油味在嘴里化开的瞬间,让人感动不已。

相信大家都会选择 B 吧。B 的话更吸引人,我也想吃 B 所说的泡芙,而且还会延伸出许多问题,像是"奶油滋味如

何？""那家店离车站近吗？"

A 跟 B 的差别在于**叙述事情时是否具有"故事性"**。A 说的话是片断的资讯，他列举了"价格公道""甜度刚好""好吃""还想再吃"等信息；B 则是以讲故事的手法描述事情——蛋糕店老板耗时五年制作出与在"甜点之乡"吃到的滋味相同的泡芙。**人的大脑会把故事性的叙述视觉化，并在脑中形成画面**。听了 B 的形容，脑海中就会浮现出一位认真踏实的师傅在做蛋糕的模样。

想象着具体的人、事、物，就能了解说话者本人与谈话内容所提及的人物是以何种心情采取行动的，人们自然就会专注地听，也能跟叙述者或故事内容产生共鸣，进而将之当成与自身有关的事而深感兴趣。若是家长不想孩子说谎，与其直接对孩子说"不可以说谎！"倒不如讲"狼来了"的故事效果佳。

假设你想跟别人说与男朋友相处的话题时，比起只讲"我晚餐做了咖喱饭给男友吃"，不妨换个方式说："我知道我男友因为工作的关系心情不好，晚餐特地做了他最爱吃的咖喱饭！"试着叙述其他具体的背景故事，把"做咖喱饭"这种单调的事实变成"男友心目中理想女友"的描述，就会让听的人觉得"你男友可真幸福，你们交往很久了吗？"从而轻而易举地接续话题。

Key Point 叙述事情用"讲故事"的方式，让倾听者有想象空间，就能打动人心！

④ "夸张比喻"多练习，锻炼幽默感的诀窍

"那五花肉太好吃了……你一定要吃吃看！"

"嗯——真是好吃！"

"哇——我这肥肥的肉可真像这五花肉！"（拿起叉子指自己的肚子）

"哈哈——"（众人齐声大笑）

讲着"五花肉"和"自己微胖的肚子"，表现出笨拙的模样，瞬间就能让气氛变得欢乐。幽默是让对话顺利的润滑油，尽可能在聊天间穿插些诙谐话语。

我要对深信自己天生无趣的人说："你不是缺乏幽默感，而是没有勇气开口。"没有成功使听众哄堂大笑，对于专业的搞笑艺人来说是家常便饭，而我们外行人只要有三成的成功率就很厉害

了。即使表达得不好，随口一句"啊？说得不好吗？"顺势将话题带过即可。

若想不到该选择什么题材来开玩笑，建议采用"夸大的比喻"。

比如人家问你："平常都吃多少？"你可以回："吃到像松子Deluxe（丰腴的日本艺人）这种不忌口、大吃特吃的程度！"

这种夸张的说法能让对方衍生奇异的想象。如果你仅说"高中生里我算是很能吃的"，只是单纯表现真实的自我。

想夸大"被强迫"的情绪，可以讲："我的心情就像是被强迫去听哆啦A梦里的胖虎演唱会一样。"只要习惯浮夸式的比喻，渐渐地就会说出引人发笑的话。

朋友问你："你下周绝对有空吧？"你明明是单身的状态，但也可以回对方："知道啦，就算推掉跟女朋友的约会也会空出时间给你！"

要是女友跟你说："可以把书架上的书拿给我吗？"你也可以接话："我就知道我这快撞到天花板的身高，让你想拿书时只会想到我吧！"

除了看当时的状况应对外，话里不着痕迹地带点幽默也会受到多数人的喜爱。人们会认为这种人"幽默""聪明""真会说话"。

> **Key Point**　想要培养幽默感，先从练习"夸大的比喻"开始！

⑤ 快速提升好感度，"肯定叙述法"能办到

"这件事就是因为你一直这么认为，无论时间过多久也是行不通的啊！"听到这种话，任谁都会反感吧？

如果要表达的意思没变，但换个方式跟对方说："是不是再另外想其他办法？相信一定会有好结果的！"对方听到此种说法反而会认真地去想："嗯——别的办法吗？还有怎样的办法呢？""我的想法是不是也要改一下？"

前面的句子和后者最大差异在哪儿？答案在于"言辞的选择"，也就是使用的句型是"肯定"还是"否定"。以上述对话为例——

"就是因为你一直这么认为"（否定）→"再另外想其他办法"（肯定）

"无论时间过多久也是行不通的"（否定）→"一定会有好结果的"（肯定）

只要按照这种方式，稍加调整"否定句"里的看法，就能变成让对方容易认同的"肯定句"。以下对话也是利用这个方式来做转换——

"铃木太太都没做家事"（否定）→"铃木先生很会帮忙做家事"（肯定）

"无法赞同那本书的观点"（否定）→"部分人会认同那本书的观点"（肯定）

"时间已经过了30分钟，还没看到人啊！"（否定）→"过了30分钟都没看到人，真叫人担心"（肯定）

如果能将"否定句型"换成不让对方心烦的"肯定句型"，就能显现出你体贴宽容的一面。

> **Key Point**
>
> 用"肯定句型"取代"否定句型"，能表达出你的善意。

⑥ "糗事经验"主动说，
   与人聊天没隔阂

"昨天搭末班电车睡过头了，睡到最后惊醒，已经到终点站了。而且昨天还没到发薪水的日子，穷到连搭计程车的钱都没有。人生头一回的'顺风车旅行'，一路坐到终点站。结果这趟旅行的目的地还是自己的家，真的是一点都不浪漫……"（笑）

"在葬礼要上香时佛珠竟然掉了，正准备弯腰去捡，只听到'嘶'的一声，裤子破了，当时真想挖个地洞钻进去！"（笑）

听到这种受挫的经验之谈，大多数人都忍不住想笑。与其讲一些听来无聊的丰功伟业，不如说点自己受挫的经历，更能让整体气氛变得融洽。而且无论你要讲多少，别人都听得下去。

若是过于刻骨铭心的失败经历,讲出来反而会使气氛变得凝重。说些能让人莞尔一笑的事,抱着"服务他人的精神"去讲就好。说这些自身的经历会让别人看到我们悲惨、冒失的一面,也算是一种自虐行为。刚开始或许很难说出口,不过只要尝过一回让大家开心的成就感,自己也会乐此不疲地去多次尝试。

若是对方说:"曾有过跟你一样的经验。"立刻能拉近彼此心灵的距离。

此外,还能让那些有能力的帅哥美女避开他人的忌妒。自尊心强、易被误解的人可借此填补与别人的鸿沟,让大家认为自己容易亲近。

Key Point 失败的经验之谈能使场面气氛融洽,并避开他人对你的忌妒。

⑦ 先为对方着想再开口，最能提升自己的魅力

受大众喜爱的人与令人讨厌之人，这两者间有何差异呢？

区别在于有无"重视他人心情"。会被讨厌的人都是以"自我"为本位，滔滔不绝地讲着自己想说的话；受欢迎的人，常先为对方设想之后才开口，以下例句就是为他人着想的说话方式——

❶ **关心**："你没事吧？""身体怎么了？""真是辛苦你了。""你已经尽力。""有什么困扰或烦恼的事吗？""多保重。""好好休息。""尽快恢复精神噢。"

❷ **励志**："一定没问题的。""一切都会好起来的。""你可以的。""一切都会顺利的。""一起做些什么吧。""别担心。""再努力一下。""我挺你。""为你祈祷。""加油吧。"

❸ **帮助**："我会协助你。""有什么需要开口便是。""你需

要我，我随时都在。""有我帮得上忙的地方吗？尽管找我商量。""随时保持联络。""让我为你做些什么。""我会准备好的，请交给我来办。"

❹ **称赞（祝福）**："你果然厉害，做得真出色。""愿你幸福。""真可爱。""你办到了！我有眼不识泰山，真佩服你。""恭喜你。"

❺ **感谢**："谢谢！你帮了个大忙。""真开心。""承蒙照顾。""有你的帮忙，事情就好办许多。""托××的福，得救了。""感谢××。"

上述五类语句的共同点就是为"对方"（YOU）着想，而不是以"自己"的角度出发。倘若你是打心底为对方设想，自然就说得出来。

字字句句都为"对方"（YOU）考虑的人，会给人较佳印象。将这五类语句加以练习直到成为你的口头禅，就会发现周围的朋友与日俱增。

但前提是你的言行举止必须保持一致，否则就是本末倒置，对方也会反批："你就只会嘴巴说说而已！"

Key Point

将为"对方"（YOU）着想的五类语句当成口头禅来运用，会成为大家喜爱之人。

8 "梦想"会传递热情，能引发他人共鸣

你曾向别人诉说过自己的梦想吗？如果没有，从现在开始尽可能将你的梦想传递给其他人。

"我上了大概快两年的英语会话学校。"

"噢，你对国外旅游有兴趣啊？"

"不是，三年内我想去纽约开间画廊，上课就是为去纽约做准备。"

"在纽约开画廊开销可不少呢！"

"我想在纽约推广那些没有名气却有才气的日本现代画家。"

"嗯，有梦最美。"

梦想反映出人们的价值观、人生观，是直接传达一个人性格和品性的话题。说出梦想能引发他人共鸣，也许有人听了还会深表认同而想追随你的梦想。越是渴望实现梦想，此种热情就越会传递给对方，也能引出各式各样可给你协助的人——

"我弟弟在纽约做的是与艺术相关的工作，下回介绍给你认识。"

"你去纽约时，有什么事都可以来问我。我在那边会待到隔年才回国。"

"我认识当地的英语会话老师，要想找家教可以跟我说噢。"

有了周围朋友的援助，更能加速朝梦想迈进一大步。附带一提，不少女性会认为谈论梦想的男人魅力无穷，如果想受异性欢迎，可以试着对你的朋友们说说自己的梦想。

Key Point 　　常跟人们说你的梦想，不仅魅力四射，还会有许多贵人协助你实现梦想。

9 适时说出"我只对你"，轻易触动人心

"只对你""只有你"，这两句话对恋爱中的男女来说，有表示在对方心中占有一席之地的含意，也是能使爱情升温的仙丹。因为"只有你"这句表达的是"在众人之中，你最不同，我对你的感觉特别不一样"的意思，是专门用来向对方告白、跟旁人做区分的差别化语句。

"这次的企划书制作可以帮我一下吗？我能拜托的就只有你……"如果心仪的女同事这样拜托你，你会怎么想呢？也许有人会认为她可能对自己有意思而怦然心动，说不定还会觉得："为了她，赴汤蹈火在所不惜！"

"只对你"这种强调"对方是特别的"的说辞，能给予人们难以言表的快乐。若你有心仪的对象，也可以向对方强调她在你心目中的独特感。

比如说这句话："佐佐木你似乎有工作上的烦恼，下回找我聊聊如何？这种话我只对佐佐木你说哟！"是否比直言"跟我约会如何？"更能让本来难以启齿的你，敞开心扉去邀约对方，她点头答应的概率也会提升。这种差别化的语句也能运用在已有交往对象的人身上——

"虽然我平常没下过厨，可是为了你，我亲手做了饼干噢！"
"只有在你面前我才会说话小小声的。"
"以前的事我没有跟别人说过噢，就只对你说。"

你心仪的对象应该会觉得自己是个"特别的存在"。平时多练习说"只有对你""就只有你"这种能触动他人心情的语句，并且把自己的情绪化成言语，就可加深两人之间的关系。

如果你属于沉默寡言的人，就更能够有效发挥这种技巧的功效。看似无意中的一句话，就能令对方心里小鹿乱撞。

Key Point 针对特别对象用"只有你"这类差异化语句，让对方觉得自己与众不同。

Column

观察"三大面向",
能看穿一个人的内心态度

◎ 视线

完全不看对方的眼睛会让对方对你印象不佳,对方会心想"你是否做了什么亏心事"或"不喜欢他"。若不善于盯着他人眼睛,那么看着对方的鼻子或眉毛附近也不失为一种方式,对方就会觉得"你有在看他"。

但别一直盯着对方的眼睛看,适时地将视线移开,重要的是不给人压力。要是双方视线对上了,不要感到尴尬,给个微笑能给对方更好的印象。

◎ 脸的角度

下巴抬高会塑造傲慢又难相处的形象;相反的,下巴放太低,则给人低声下气、似乎在瞪着对方的感觉。因此脸的角度只需保持跟对方平行而视。

◎ 姿势

"双手抱胸""双脚交叉"营造出的是自我防御很强的态势,是一种并未对对方敞开心扉的姿势。手臂、脚保持自然放松的姿态,也别不断地摸脸、抖脚,一副静不下来的样子!

> **五分钟速记
> 本章重点**

◎ 正因为人们很少主动跟他人打招呼,能够做到的人就会显得独特。"问候语＋寒暄",使自己更加显眼。

◎ 在称呼时,叫谈话对象的名字会比只叫姓氏来得亲切,而昵称则比名字更能增进彼此关系。

◎ 叙述事情以说故事的方式呈现,人的大脑接收故事后,会把内容视觉化。人们想象着具体的人、事、物,较能投入情感,也会感受到人情味。

◎ 不擅幽默的人可先采取夸大比喻,不用思考得太缜密,鼓起勇气说出来就可以。就算讲得不好,回句"我说得不好吗?"随口带过。

◎ 想受人欢迎就多用"肯定句型"。有着为对方着想的心，自然能将否定句型转换成肯定句型，也可展现自己体贴入微的一面。
◎ 讲些自己的失败经验，能让人觉得你好亲近。尤其自尊心较强且容易被误解的人，使用这项技巧，可巧妙地避开他人的忌妒心。
◎ 希望获得谁的青睐，就多对他使用"关心""励志""帮助""称赞（祝福）""感谢"五类语句。这些全是为对方设想、轻而易举能说出口的句子。
◎ 梦想越讲越容易实现。很多女性会觉得诉说梦想的男人很有魅力。若是想成为万人迷，就讲出自己的梦想。
◎ "只有你"一词能让对方认为自己有独特感，就算"喜欢"不明说，也可缩短彼此间的距离。无论正在单恋还是已有男女朋友的人都可以常用这种"你最不同"的差别化语句。

第六章

与人攀谈、炒热气氛，再怎么陌生都能开心聊的秘诀

每个人的价值观不尽相同，对方无法百分之百接受你的观念也是理所当然。我们无须因为曾被一部分人拒绝就跟所有人断绝往来。拥有赤子之心能迅速提升对外界伤害的免疫力，打起精神来回归本心，像孩子一样努力加入人群吧！

❶ 重拾"赤子之心"，
主动聊天不怕被拒绝

前几天有位男同学来找我说他的心事："无论在教室还是聚会上，我都无法主动找人说话，怕自己不会讲话惹人讨厌，所以最近都避免跟别人来往。"

我也有过这种时期，所以很能理解他的感受。心中尽是"不想被人讨厌""怕说得不好无法开口"的恐惧感。总是在想："不跟人互动就不会内心受挫了吧！"其实，正因为我们表达不佳，才更应在聊天的挫败感中学习如何说话。

从孩童身上就能学习到无所畏惧之心。去公园玩耍的小孩看到其他不认识的孩子，边喊着"大家一起玩""我也要玩"，边毫不犹豫地就奔向对方要求加入。他们不像大人顾虑太多，孩子们只是单纯积极地融入人群！

就算有人拒绝孩子加入，他并不会因此感到挫折，仿佛没事一般又继续大喊"一起玩",立即再找其他人一起玩耍。有些小孩即便遭到拒绝,难过得哭个几声,一分钟不到又开始生龙活虎,继续跟别人玩在一块儿。对他们来说,被拒绝似乎无关痛痒。

虽然人们随着时间的洗礼成长了,但人的最初本质并不会有太大转变。我们也学学孩子的态度,说句"打扰了""聊什么聊得这么起劲""一起聊吧",积极地投入人群就是最好的方式。

每个人的价值观不尽相同,对方无法百分百接受你的观念也是理所当然。我们无须因为曾被一部分人拒绝就跟所有人断绝往来。拥有赤子之心能迅速提升对外界伤害的免疫力。打起精神来回归本心,像孩子一样努力加入人群吧!

Key Point 开口与人聊天并不难,只要学习孩子的勇者无惧之心。主动出击吧!

❷ 拉"被冷落的人"一起聊，能建立好交情

本来有六个人在聊天，通常是否最后只剩四五个人持续在说话？

而那一两个没融入话题的人只好专注地静听其他人讲话。比如大家正在讨论有关"今夏时尚"的话题，聊得很热络，要是有人错失参与的时机，被孤单地晾在一旁时，你不妨对他说——

"××，你喜欢怎样的时尚？"

"××，你都在哪里买衣服？"

"××，你会想穿今年夏天流行的衣服吗？"

说这些话的用意是把对方也拉进聊天群里，顺应大家谈论的话题。话语只要着重在"你并没有被遗忘""你也是我们聊天的

一分子"，想到任何能对应聊天主题的事物都可以说。

　　一句简单的话，对那些错失参与话题时机的人来说，犹如一艘救生艇令他们开心不已，周围其他人也会对你有好印象。如此贴心的你，假若哪天被孤立在外，立刻就会有人伸出援手。

　　原先大家聊的话题也因为加入不同意见，而使聊天内容朝着多方面发展，整体气氛顿时焕然一新。一个细微的贴心举动益处良多。

Key Point　若无其事地邀请没有加入话题的人一起聊天。

❸ 谈自己的专业要懂收尾，滔滔不绝讨人厌

"你是当司仪的，很能在大家面前说话啊！要是我噢……一紧张脑中就一片空白，讲话都会发抖，说话结结巴巴，也只挤得出'啊……''那个……''这个……'这几句而已。"假设你是位专业司仪，听到这样的称赞无须谦虚或不好意思承认，大方展露微笑，试着跟对方分享专业，他们也会听得很愉快。

以上述对话为例，你可以回对方："你试试'想象练习'。假装自己是一个司仪，站在床前想象自己在大家面前侃侃而谈的样子，尝试多练习几次。我就是通过这种方式训练自己，发现自己渐渐有了进步，即使在众人面前讲话也越说越熟练，还因此接到不少工作机会。你可以试着不断想自己一定会成功，这样或许能消除一些紧张感。这个练习也没什么损失，就先想象自己是司仪吧。"

若是没有人问"关于司仪如何训练说话"，你就自顾自地讲

起"在人前说话不紧张的方法",别人会认为你在卖弄专业,因而对你敬而远之。不过假使对方主动想了解,情况就完全不同,这时无论是知识还是信息都可以充分提供给对方,将之视为"协助他人的大好机会"。重点**除了把专业术语改成浅显易懂的词汇外,你的讲解必须简洁有力。**

这时对方会称赞你:"我懂了!不愧是专业的,问你就是不一样!"也许你一听到赞美就心情大好,接下来滔滔不绝地说个不停,反而容易招致反感。对方内心不禁想:"讲这么久,是在炫耀你自己很行吗?"自己苦心建立的好感度又瞬间被打入谷底,所以**说话适时告一段落是很重要的技巧。**

当对方听了你大致的专业解说,觉得满意就会说"我懂了""谢谢你""真的就是这样""真厉害""不愧是专业的"这几种回话。当听到这几句话,就该结束别再继续讲,如此也不会让别人认为你"话说太多"。

假设有人表示"还想再听你说一些""详细教一下吧",此时就可以延续话题。这是诉说自身专长的绝妙时机,即使自觉"嘴笨"的人也能乐在其中。

Key Point

若有人认为你的专业知识对他们大有助益,此时你大方讲述给他们听,能令对方开心不已。

❹ "假设问题"能套出"真心话"

发挥想象力的"问话"能问出对方内心的真实想法——

"若是让你再选一次，你想从事哪个行业？"
"假如可以实现一个愿望，你想祈求什么？"
"要是你会变成学者，你想成为怎样的学者？"

提"假设问句"得到的答复就代表回答者的人生观、价值观，是最适合用来知晓对方人品的问法。

如果你问对方："假如有一个月的休假，你会怎样过？"经由这一问就会得到五花八门的答案，像是"背起背包去丝路旅行""到夏威夷享受南湾风光""回故乡孝顺父母""闭关读书"等。

通过"假设问句"会看到平常想象不到的有趣的另一面——"谨慎的人也会怀抱伟大的梦想""看似吊儿郎当的人却有着坚定

目标"。获得的这种资讯也可作为选择团队或个人搭档时的参考。

平时与人讲话,使用"假设"问法再结合时事题材,能让你的提问看似自然不造作。例如说:"听说这期大乐透奖金有 1 亿哦!如果你中奖了,你会怎么用这笔钱啊?"

或是先说出自己的答案再问对方:"小孩有暑假真好。如果有一个月的休假,我会拿来好好学习英语。你呢?"即便是不熟识的人也会卸下心防直爽地回答。

在喝酒谈天的聚会上大量应用这种技巧,大家会有在进行一场游戏的感觉,还能活络现场气氛。

Key Point 练习使用"假设"提问,可探知对方性格以及价值观。

⑤ "没答案的问题"，活络现场气氛最好用

许多人一起聊天时，**有个议题很能带动现场的气氛，那就是"没有正确解答的问题"，换言之，"让人动脑筋的问题"**。例如"怎样让富士山移动"——这其实是微软面试的试题，大家聊天时可特别提出来说。

只要有人说"这么难，要怎样做？"有了这个开头后，接下来就会有其他人接着讲"我是这么想的"，你一言我一句地能将话题延续下去。

因为没有正确解答，所以无论话题谈到何种程度与方向都能继续聊。有的人会认真思考怎样让山移动；部分人就动脑筋想些花招让山看起来有挪动就好；另一种人则是早早举白旗投降；也有人习惯把问题想得很难，千奇百怪的想法都会产生。一来一往间，能够看到大家不同的"想法"和"个性"表现。以下就是可

以"让人动脑筋的问题"——

"坦白自己会说谎的人是真的爱骗人吗？或者其实他才是诚实的人？"

"你知道《教室里有小猪》这部电影吗？这部电影讲述的是一名小学六年级的导师为了教孩子们尊重生命，在教室里养了小猪。孩子们也渐渐对名叫小P的猪崽产生了感情。最后对于该不该吃掉一手养大的小P而产生不同意见。如果是你，你会怎么做呢？吃或不吃呢？"

这种题材无论过多久也不会落伍，一辈子都能用。

搜寻书本或网络的资讯，准备三四个议题，聊天时可拿来作为活跃气氛之用。只要大家热衷聊某个话题就会产生参与感，即使没有标准解答也没关系——"某大楼的电梯等半天还不来，要搭电梯的人气得抱怨连连。因此大楼公布了一个解决方案。方案一出，怨言马上减少许多。到底大楼颁布了什么方案？"答案就是：在电梯前装上镜子。（电梯前装镜子会让搭乘者分心去整理服装仪容，反而忘了等待电梯的时间。）

Key Point

"没有答案的话题"能带动现场气氛，想长时间聊天时可多加利用。这是一辈子都受用的珍贵题材！

6 "封闭+开放"的询问，怎么聊都有话讲

"有孝顺父母吗？""如何孝顺的？"这两个问题乍看之下很相似，但其实完全不同。

被问到第一个问题，**对方就只能回答"有"或"没有"，称为"封闭式问题"**；而后者所问"如何孝顺的"，**被询问的人可以自由回应**，像是"给父母捶背""每个月寄给父母两万日元""母亲节带他们去旅行"等回答，**称作"开放式问题"**。

封闭式问题能用来确认事情；而开放式问题则没有对回答内容设限，对方可自由接话。只要将这两种问法组合，就能按照自己的意思拓展话题。你问对方："喜欢甜的东西吗？"对方回："嗯，好喜欢。"这是"封闭式问题"。你接着发问："那最近有好吃的甜点吗？"对方回话："在六本木有间店，他们的甜点很好吃噢！"则为"开放式问题"。

以前面的例句来说，先以"封闭式问题"探测对方有没有兴趣，之后再用"开放式问题"深入对话。采用"封闭→开放"的步骤就容易和人继续聊下去。若在最初询问的阶段对方说"对甜的东西没有兴趣"，随即换个话题就能化解无话可说的窘境。接下来是有很好效果的"开放→封闭"提问类型。

A："你最近都在做些什么事啊？"（开放式问题）
B："我最近都在画手绘信纸。"
A："噢，手绘信纸？你有在学吗？"（封闭式问题）
B："嗯，我有去我家附近专门教手绘的教室上课噢！"

当然有人会连续使用"开放式问题"，或只问"封闭式问题"。需要注意的是，不断提"封闭式问题"，对方就得一直回"有"或"没有"，别人会因而产生被审问的压迫感。

Key Point

利用"封闭式问题"试探对方反应，再用"开放式问题"让他自由回答。善用此步骤，无论同谁都能聊起来。

❼ 适时帮对方"整理对话"，聊多久都不累

你一定常遇到"话说过头"的人，他们的特色是讲话不简洁、不知所云、总偏离主题等。

当对方说话已经混乱到没办法让人理解时，可以适时地帮他整理谈话内容。**对于说话容易紊乱的人来说，帮他整理好重点，能让他比较容易继续讲下去。**

"你问我为什么会进入这一行？我本来是个上班族，后来一头栽进业务的世界里。主管平时交代给我的应酬好累人，所以……对啦！念书时我是组乐团的，有一阵子还真想去表演，那时玩得还不错呢！每个月的现场演出都有五十位左右的客人来听。我是弹吉他的，不过真正想玩的是打鼓……"

"嗯，所以你现在做的这份工作与乐器有关？以前学生时代学到的音乐技能还派得上用场，真的很棒哦！"

"没错,没错!以前学的东西还用得到的感觉真不错!你可真懂我说的!"

整理对方说的话要做得不着痕迹,别让人觉得你是在打断他讲话。只要能确实抓到对方说话的重点,他就会放宽心认为"你有认真在听"。一旦对方表现出心情很好的样子,就代表你总结的方式诚如他内心所想。按照这种方向去整理,对话自然不会间断。

> **Key Point**　　当对方说话没有条理,帮他整理出个头绪有助于继续聊下去。

8 打断对方也不伤和气的"对话转向语"

聊天时若是觉得"对方说的好无聊噢""该换个话题了吧",可用"转换话题的提示语"改变谈话方向。

"那么""说到这个",这两个转接词犹如开车转弯时打的"转向灯"。当车子要变换行进路线时,没打转向灯的话,会令附近的驾驶员受到惊吓而不知所措,若是运气不佳还会因此发生交通事故。

应用在对话上也是同理,假使没有事先发出"接下来要换话题"的信号,突然就接下一个话题,不但会让对方生气,认为你打断他说话,也会使聊天对象担心自己说得很无趣。特别是在重要的人际关系中得多加注意。

聊天时加入一句"那么""说到这个",能使对方觉得你所说的话题是偶然想到的事。若无其事地换个题材,就不会令周围的人不愉快。

对方:"哈哈,真是个轻浮的主管。"

你:"是啊,那种奇特遭遇不会再有了吧!说到这里,我想到一件事……"

对方:"嗯,什么?"(听到"说到这里",对方就明白你要换个话题)

你:"上个月底我们不是一起去了一家中华料理店吗?"

对方:"嗯,记得是在惠比寿。"

就算你说错改变话题的信号,也千万不要让对方萌生"因为他讲得很无聊,所以你想聊别的话题"的念头。你必须表现出"聊到目前为止我都很开心,不过还有更有趣的事",让人觉得整个聊天过程你都是开心的。

以下几句也有助于改变聊天的内容——"我现在想到的是""啊,对了""就算是那样""是的,其实呢……"等。

Key Point 说出"那么""提到这个"这些转向语,能巧妙地改变话题。

9 运用"说到……"，能巧妙转移无聊话题

有些语句可以悄悄地改变话题而无损对方的心情。

"我厌倦每天一成不变的日子了。"

"噢，是吗？工作很忙吗？"

"不忙，时间到就能下班。可是那时朋友都还在忙，很难约出去玩。我唯一的乐趣是晚上在家里吃饭时喝点小酒，边看韩剧边喝点……"

听到这里就知道对方要开始发牢骚了，此时顺势转换话题：

"是啊，说到晚餐时喝酒，××你好像很能喝日本酒？"

"是啊，日本酒我很能喝！"

"那太好了！其实之前朋友有找我去参加品酒会，日本酒还真好喝，我以前的看法都改变了！"

上述对话是当对方似乎要开始抱怨找不到朋友做伴时，针对他说的"晚餐时喝酒"一句，成功转移话题的例子。只要承接对方曾说过的话，就既可转换聊天内容，又不用担心话锋转得勉强。

对方的话里有个"韩剧"的关键词，我们也可以接话："说到韩剧，现在最受欢迎的演员是谁？"按照这种方式就能转换你不想谈论的话题。

学会不动声色地把"聊不起来"或是"有点不想聊"的话题换掉，周围的人也会因此感激你的。

Key Point 利用"说到……"，再加上"对方讲过的话"，不着痕迹地转移话题。

Column

"察言观色",看穿人性的技术

看透一个人的内心是否可能?

答案是"可能的"。仔细观察其言语、表情、行为、肢体语言等就可以察觉对方的想法。建议在有各类型人的场所,像是电车、咖啡馆里仔细观察人们。例如说咖啡馆里有位看起来三十岁左右的男性,依据他穿着的时尚感、手上拿的东西、表情、行为、对话等去推测他的实际年龄、职业、住址、家族成员、兴趣、性格,之后再做查证。仿佛自己是推理小说的侦探,一步步检验自己的推论是否正确无误——

"他手上拿的是 LV 的 Taiga 款的包包,年收入肯定有 1000 万日元!"

"噢?他拿了本书出来,是 Drucker(德鲁克,管理学大师)的著作……那他是企业家吗?"

"啊,他的手机响了,是老婆打来的,果然是已婚的。"

反复做类似上述的训练,就可锻炼看出对方人品、性格的绝佳直觉。

> **五分钟速记
> 本章重点**

◎ 想融入人群里，最好的方法就是说句"打扰了""聊什么这么起劲""一起聊吧"。每个人都有自己的想法，没有人会百分之百接受你的观点，无须因为被部分人拒绝，就躲开所有的人。

◎ 要是有人没在聊天群里，不经意地说句话把他拉进来一起聊，这个贴心举动会让周围的人对你有好感。

◎ 对方若想了解你的专业，你可以倾囊相授充分告知。重点在"浅显易懂""简短地说"。

◎ "假设"问法可以探知对方的人品、价值观。在聚会上使用这种问法，会给众人一种游戏的感觉，并能炒热现场气氛。

◎ "没有正确答案的问题"就需要动脑筋,是长时间聊天时可以使用的最佳话题。

◎ "封闭式提问"先探知对方的反应,再利用"开放式问题"让其自由发言,聊起来会比较顺利。

◎ 当对方说话缺乏条理、没有具体内容时,不着痕迹地帮他做个整理,能让对方继续说下去。

◎ 要改变话题就使用"那么""提到这个"这种具有提示转向功能的语句,这类语句能成功改变聊天话题并使人认为你说的话是偶然想到的,不会让周围的人不愉快。

◎ 运用"说到……",再加上"对方说过的话",就能不动声色地把聊不起来的话题撤换,而你描述的事情是对方曾讲过的话,所以不会让人感到不悦。

第七章

交谈"投其所好"，话题不间断，无论谁都会喜欢你

想讲些不一般的表示赞美的句子，就要尽可能具体形容对方"优点是什么""这些优点好在哪儿"。在称赞的话中添加各种用词，仔细形容对方的特点。

❶ 唤起对方"心动记忆"，畅所欲言停不住

若有能让对方感到"喜欢""快乐""幸福""热衷"等正向情感的事物，与他聊聊接触这些事情的"契机"，也是聊天的方法之一。

你可以描述"喜欢上一个人""第一次品尝美食感到好吃的时刻"唤醒对方快乐的记忆。**心里充满幸福感时，任谁说话都会变流利顺畅。**

比如说聊天对象是一对新婚夫妻，就从两人最初相识的情景开始问起，对方自然有很多话可说。当他觉得说太多而很不好意思地讲"不说了！"你要求他继续讲，对方还是会兴高采烈地说给你听。"到底……"就是询问"契机"的珍贵句型——

A："你真是个工作狂，起床时还念念不忘杂志制作的事。"

B："你错了，我睡觉时想，做梦也在想。编辑杂志非常有趣。虽然工作时间不固定，身体也弄坏了，不过我从没厌倦过。"

A："你就是天生吃这行饭的料！你到底为什么会想当杂志编辑呢？"

B："读大学时，朋友找我进来这行，当时不太情愿地进了新闻部。不过有回朋友看到我写的报道来跟我说：'你之前有篇报道写得很有趣，你还真有才华。'那时心想将来当个报纸或杂志记者好像也不错。就抱着这种单纯的想法坚持下来了。"（笑）

上述例子就是把B热衷的"工作"当成聊天的好题材。牢牢掌握B所说的"编辑杂志非常有趣"，顺势再问从事这行业的"契机"，更是绝妙的接话方式。

如果对方回"最初没什么兴趣，不过现在喜欢了"，那就可以接着问"何时开始有兴趣的？"进一步延续话题。反之，倘若对方说："这份工作无论做多久也不会喜欢。""我做的是成不了大事的中间管理层。"像这种"心存负面想法"的话题，即使用"到底……"句型找话聊，也别抱太大期望能聊得很好。**"到底……"句型适用于发掘对方会开心的话题。**

Key Point　让对方回忆起当时"心动"的感觉，他就会感到快乐无比！

② 称赞"对方自己忽略的优点"，赢得好感的绝招

"真的很佩服你，丸山先生。"

"为什么？"

"饮酒会上对大家都很贴心。谁的酒快喝光了，就会挑最佳时机询问：'还要一杯生啤吗？'我干杯后就只顾自己喝酒（笑），真得跟你学学。"

"这没什么，我就是多事而已！老问人家要不要酒，别人也觉得很烦吧。还想把这毛病改一改呢！"

"不用改，能这么贴心，让人不喜欢你都难了！饮酒会上只要有你丸山先生在，整个气氛就很温馨。"

"真的吗？铃木先生你也很细心啊……下次再一起出去玩吧！"

当有人夸奖"对方自己忽略的优点",大多数的人都会感到开心,也有人会很感兴趣地跳出来问:"再说仔细一点嘛!"

上述的例子中,称赞丸山先生"习以为常"的事,虽然他谦虚地笑着回应,但内心是非常开心的。这也让丸山先生重新注意到自己的魅力所在,因此特别会对赞美他的人产生好感。

将称赞重点放在本人"习以为常"的事上,并且在他认为的没什么独特之处。像我在面试时也尽可能赞美对方自己很少注意的优点,不仅对方开心,气氛也变得活跃——

"你的表达很清楚。"

"听了他跟我说的一些事情,我现在知道你是属于努力型的专业人才。"

"因为你始终是一副'交给我处理'的样子,所以下属都很崇拜你。"

"你一来,整个气氛马上变得很热闹。"

"以前就觉得你写的字很漂亮哦!"

特别留意连本人也没注意的优点或习以为常的事,这技巧对容易沮丧、没自信的人特别受用。

Key Point 称赞对方本人忽略之处,发掘其魅力所在。

3 "爱听好话"是天性，"具体夸奖"效用大

对于对方的穿着、皮包、外形、行为举止、生活方式等都能用"好棒""真帅"这类广泛的言辞来称赞。正因为这些赞美之词过于普遍，听起来反倒缺乏真心，难以打动对方。特别是当人们习惯被夸奖时，你若只讲个"好棒""真帅"，完全不会令对方高兴，纵使你已经特意称赞，想让别人感激你也有一定的难度。

想讲些不一般的表示赞美的句子，就要尽可能具体形容对方"优点是什么""这些优点好在哪儿"。 在称赞的话中添加各种用词，仔细形容对方的特点。

"草野先生走路的样子超帅。"
"是吗？"
"是的，真的很帅噢，远望过去，抬头挺胸、气宇

非凡漫步的模样好有艺人气质，是有受过专业的走台训练吗？"

"上过一次走台训练课程。听人家说走路有气质，也能提升自己的形象。"

"真了不起，学一些课程来提升自己的价值。可以也教我走路的诀窍吗？我走路老是会内八，总觉得有点自卑。"

具体夸奖对方，别人就不会认为你只是在阿谀奉承。这样一来，对方听了就会提高他的自信心，心情也会转好，因而你们一定能越聊越愉快。

Key Point 赞美时多举具体事例，以示诚意，更容易打动对方。

❹ 转述"第三者赞美"，会让对方更高兴

"提到这个，××公司的社长夸你脑筋动得快，人又机灵。他还说：'希望我们公司里也有这种人才。'那个社长可是很难得夸奖人的噢！"

如果同事对你说这种话，是不是开心到要飞上天了？

谁都喜欢听赞美的话，尤其是听到第三者对自己的赞赏会更加高兴。因为当面的称赞有时只是在奉承你，而转述别人的话，往往都是出自真心才传话。**人类的心理就是除了会喜欢赞扬他的人，连带也对传话之人产生好感。**

"第三者赞美法"可以多用在活跃对话上。例如你要跟A小姐介绍的B先生见面——

"我听A小姐说,你人很开朗很受女孩子欢迎。"

"B先生你跟某家公司的社长好像认识噢?很多优秀的业务也常打听B先生你的事情噢。"

见面打招呼时就趁机闲聊一句,B先生听到后,除了会心一笑之外,同时会对没有嫉妒心的你印象极佳,日后若有工作上的往来,自然也能顺利进行。

如果对方身旁有你们共同的朋友,更会产生实质上的监视效果,让他觉得"得好好对待你",因此能获得对方礼遇。

Key Point 　　多向对方转述"第三者的赞美"。

5 男人、女人大不同，怎么接话需考量

男女大脑结构有着很大不同。善用这个理论，你就可以随机应变并挑选最佳时机讲男生爱听或女生喜欢的话，这会令仰慕你的粉丝急剧增加。

在约翰·格雷（John Gray）的名作《男人来自火星，女人来自金星》（*Men Are from Mars, Women Are from Venus*）中，约翰最先探讨了男女思维的不同，其他尚有很多书籍是谈男人和女人大脑的差异，这些书里的观念可大致整理如下：**男人大脑的特性是希望能力得到社会认可，女人大脑的特性则是期望个人受到喜爱。**

比如说下属做的企划案很成功，对方是男性，你对他说："做得好！你真是个值得托付的人。"对方就会开心不已。反之，同样的话听在女下属耳里不见得会高兴，必须考虑到女性大脑思维的特性，把话改成："谢谢，我打从心里感谢，有你真好。"或是：

"谢谢，能有你这样的部下，我真的很幸运！"此种说法比较能打动对方的心。

除此之外，男人和女人的大脑结构尚有其他不同之处——**男性大脑的特性多半会是"想解决问题"，女性大脑的特性则偏向"想发牢骚"。**

打个比方，饮酒会上有位女性发牢骚说："今天在公司发生了一件很糟的事。"多数男性会得意扬扬提出解决办法："那件事只要这么做，就能搞定。"不过大部分女生并不是在向男生寻求处理方法，只希望有人能"听她说"。

若是男人不主动帮助女人，只会在一旁大谈解决方法，此种光说不练的态度会让女性感到失望，心中不禁想"这个男人并没有认真听自己说话"。男性则是站在男人的角度思考，认为自己特意提出解决方案却讨不到女性欢心，觉得"自己的能力没有得到肯定"而感到不高兴。

如果彼此能体认"男女大不同"的事实，就不会闹得双方都不愉快。注意以下重点可减少不必要的争吵，两人在相处上也会比较顺利——**男生该采取的行动是"认真听女生说话"，女生该采取的行动则是"感谢男生提的解决方案"。**

Key Point

男性更重视"评价"，女性则更看重"爱"。

⑥ 男女内心不一样，
赞美重点要拿捏

很多事情都能拿来称赞，像是对方的观点、工作态度、性格、言行举止等，无论你的谈话对象性别为何，都可以利用时尚、美容这类一般性话题展开双方的对话。

再者，可依照男女思维的特性，用心调整称赞方式——男性普遍会因为得到"社会认同"而开心，女性则会为"个人受到喜爱"而高兴。

对男人说："今天你也是马上就决定好了！"接着再讲句肯定他才能的话："真了不起，有能力的男人就是不一样啊！"这种简单的赞赏话语就能使男人雀跃不已。

对女性说："你今天穿的衣服很好看！"紧接着再讲一句："接触到你这种气质优雅的女生，心情都变好了。"对方听到之后觉得自己"受人喜爱"，因而备感开心。

顺带一提，女性会希望自己"比实际年龄看起来年轻"。例如你可以这样讨好 30 岁左右的女性："你看起来好像大学生！"而且建议要提高音量说。若是关系好到可以开玩笑，就再谄媚一点讲："看起来根本像是 20 岁！"清楚了解男女感到快乐的重点不同，聊天就会很快进入状态。

> **Key Point** 男生希望"能力得到肯定"，女生则是希望"受人喜爱"。

⑦ 当对方处于困境时，该如何接话？

"我从早上就开始发烧，身体动不了。"女友打电话来这么说，你回的话该不会像以下句子吧？

"发烧？真拿你没办法，自己的身体要照顾好啊。好啦，你今天就睡觉吧。"讲这种话对人是种折磨，完全感受不到半点关心。要是对方因此讨厌你，也是意料中的事。

"自己的身体要照顾好"——这种类似风凉话的语句会让人觉得，难道对方是特地打电话来讨骂的？我想不是吧。别人有困难时，适时伸出援手，也能使你心情愉快。

遇到以上的情况你应该讲："你还好吗？虽然想马上去看你，可是现在得跟客户开会，开完会我就过去，等我一下，有没有什么需要帮你买的？"

如此一来，一定会令她深受感动。如果对方不是病得特别严重就会回:"谢谢,不用勉强赶过来啦。我没事,要是真的很不舒服,我再打给你。"

听到男友说"现在想马上去看你,开完会立刻过去",因为确认男友是爱她的,当下她的心已经融化,觉得满足。女生就是为了听男友说些"甜言蜜语",所以才会打电话给他。

两人感情好时,即使没有特意见面,彼此的关系还是维持在一定程度。不过若两方有一方陷入危机时,就是对双方感情的考验。在这种情形之下,对对方说些"爱他的话"会比平常更有价值。

Key Point 对陷入窘境的人说些"爱的话语",对方会认为你是"真爱"。

⑧ "约会预告",
最能赢得女性芳心

男性认为常给女性惊喜就会让女性开心，也是一种爱的表现，但女人却不这么觉得——久违的约会带着女友去预订好的高级餐厅，附上一句炫耀台词，"为了你，我老早就订好了餐厅！"对男生而言也许是展现"怎么样？我很机灵吧"的时刻，但女生反而会抱怨："你怎么不事先跟我说一声呢？"

有一部分女性兴许会不悦地想："早知要来这种高级餐厅，就好好打扮一下……"或是感到生气："事前都没说，是要我来这里丢脸吗？"

假设先预告要去高级餐厅吃饭，把话改成"可以的话，××月××日周六那天把时间空出来，想带你去能看到海湾的大饭店吃一顿大餐"，对方听了想必会加倍开心。

女性偏重享受"时间"，也就是比起直接看到结局，她们更

加重视过程。换句话说，她们乐于慢慢品味"等待的过程"。

十天前你先告诉对方要去何处游玩，如果距离邀约日子还有十天的准备时间，这十天她就能一直沉浸在幸福感里；若是你三天前才预告，这种甜美的感受会随之缩减为三天；假如当天才告知，那她只剩几个小时能开心了。

换言之，能令人高兴的活动尽早告诉对方，她心情愉悦的时间也能久一点。若是玩乐当天还可以在餐厅送上惊喜花束，那对方可就欣喜若狂了！

想邀约心仪的女生吃饭，不要说"今晚一起吃个饭如何？"而是讲"下个礼拜三一起吃个饭如何？"尽可能事先跟对方约好，让她整个礼拜都可以陶醉在幸福感里。如此一来，喜欢上你的概率也会提高。

> **Key Point**
>
> 女性偏重于享受"时间"。约会这类开心的活动提早告知，能让女性沉醉于快乐中。

❾ 巧用"留白时间"，告白成功率最高

对心仪的异性告白时，可以巧妙利用"留白时间"。

"我喜欢你"这句话不要一下子迅速讲完，而是延长时间说成"我……喜欢……你"。这样更能强调自己的心意。

假设想在各种颜色的珠子里找出红色，得花几十秒左右的时间。但若是珠子只有红色的，那么找出来就只需要 1 秒钟，这是因为没有其他颜色干扰的缘故。所谓的"时间留白"就是这个用意。**去除多余的话语，只留下重点字句，会让重要的话格外显眼，也能使人牢记于心——**

❶ **没有空隙的说话法：**"虽然我不是个稳重的人，还很容易感到寂寞，妒忌心也重，不过我喜欢你。"

❷ **留点空白时间的说话法：**"虽然我不是个稳重的人，还

很容易感到寂寞，妒忌心也重……不过……我……喜欢……你……"

请试着想想，上述哪句话比较能打动人心？向对方告白的话别一口气说完，而是拉长时间断断续续地讲。当对方心中萌生"啊？发生什么事了"的念头时，瞬间就让人有脸红心跳迷惘的感受。在刻意留白的时间里，对方应该更能接收到你的心意。

Key Point

传达强烈的爱慕，就使用"时间留白法"加深对方印象。

10 情绪性责备，只会让状况恶化

惠美： "对不起，才刚要离开公司，就临时被主管叫去处理一件急事。"（惠美晚了30分钟才到达约会地点。）

阿健： "搞什么！干吗理你主管啊？我们不是约好了吗，那种事拒绝就好啊。电影都已经开演，这电影票要怎么办啊？"

惠美： "可是主管说这资料今天晚上要弄好……"

阿健： "管他什么资料，你知道这次约会我花了多少心思吗？我连下午的班都请假了，只为了跟你出来约会！"

惠美： "我也没办法呀！其他人不会处理啊！你也稍微理解我一下吧。"

阿健：*"什么啊，你这是恼羞成怒吗？"*

惠美：*"不要说了！"*

本来是场开心的约会，经过争吵，任何游玩的心情都瞬间瓦解。相信有人也有过类似经验吧？千错万错都是对方的错，对吧？

无论你论定是谁的错，双方仍然会坚持各自的想法，最终也无法准确论断谁是谁非。

要怎么做才能防止两人争吵呢？

重点在"约会目的"为何。不就是为了"享受二人时光"吗？那么阿健跟惠美最后有达成彼此原先的目标吗？答案是——没有。

女方晚到是事实，电影看不成，连带电影票也浪费了。不过即使当下责备她，双方的目的也已达不成。

男方倒不如这么说："这样啊，主管抓你去处理急事，运气真不好。看电影已经来不及了，要不我们改去唱歌吧！"原本的看电影行程无法达成，进而改为别的活动，如此一来，照样能达成最初的目的。

另一方面，女方不做"可是""我也没办法"这种辩解，而是诚心诚意地道歉："谢谢你为我花这么多心思，准备好电影票，又请了下午的班，今天换我请你吃饭吧！"采取这类说法能安抚对方为你做的付出。

无论是情侣还是夫妇，他们遇事往往容易被情绪牵着走，出言责备对方,说话保护自己。如此的讲话方式无法达到"约会目的"。

情绪激动的时候,重新思考你最初的目的是什么,较不易陷入低落心情,与对方说话也不会口出恶言,进而能让整件事情圆满落幕。

> **Key Point**
> 生气想责备对方时,先回想你"原先的目的"是什么。

> **五分钟速记
> 本章重点**

◎ 聊"喜欢的东西"任谁都会开心。谈对方热衷的人、事、物能聊不停。

◎ 当"自己忽略的优点"被人肯定时，自然会对称赞自己的人产生好感，心情也会跟着开朗。

◎ 泛泛的"赞美"很难打动对方的心。"仔细夸奖对方有何优点""这些优点好在哪儿"就是有别于一般的赞扬。

◎ 见面立刻就用"第三者赞美法"能令往后工作顺利。如果有彼此认识的人在旁，就会产生监视效果，也较能受到对方礼遇。

◎ 男性大脑的特性多半是希望能力受到好评，女性则是盼望被爱。了解男女思维的差异就能说出令双方都心动的话。

◎ 通常男生"得到社会认同"会感到快乐，女生则因"个人被喜爱"觉得开心。

◎ 恋爱时，若彼此相处良好，即使想法没那么一致，亲密关系也会维持较佳状态。不过当一方陷入危机时，就是考验彼此的时候。这时说"爱的言语"会比平时更有价值。

◎ 女性是偏重享受"时间"的人。与其给她惊喜的约会，不如提早告知邀约时间、地点，能令对方的幸福感维持较久。

◎ 要告白就善用"时间留白"技巧。除能令人怦然心动外，也会深深烙印在对方心里。

◎ 工作上与人相处或是约会时，别忘了最初目的，像是"合力做出成果""享受二人时光"等。只要莫忘初衷，就能化解负面情绪，避免心情低落。

第八章

懂得职场接话术，人际关系更融洽，同事上司都挺你

把内心想法讲出来之前，添加一句关心对方的前言，能瞬间扭转给他人的印象。非但不会招致对方的反感，还会受人尊敬，并且认为你"善解人意""十分谦虚"，也较能达到你的目的。

❶ "礼貌体贴"先表达，请托他人做事最有效

主管要你帮忙影印，对你说："你去影印一下！"或是讲："不好意思，你在忙啊？不过得麻烦你去影印一下。"这两种说法哪个听起来比较顺耳？

很多人都会选后者吧！原因就在后面那句有顾虑到下属临时被拜托做事的心情。若是不在乎下属感受的上司，恐怕是说不出"不好意思你在忙"这类关心的言辞的。

把内心想法讲出来之前，添加一句关心对方的前言，能瞬间扭转给他人的印象。非但不会招致对方的反感，还会受人尊敬，并且认为你"善解人意""十分谦虚"，也较能达到你的目的。

能干的人、成功的人都是把关心他人的前言当成口头禅。以下介绍几句给各位——

❶ 说出意见："虽然我没有立场说这种话。""我也常犯类似

的错误。""我明白你的心情。""虽然看起来很狂妄……""很是冒昧……""身为晚辈……""我也觉得过意不去。"

❷ **请托：**"给您添麻烦了。""在您百忙之中……真不好意思。""很抱歉……""劳驾……"（请对方前来的情况）

❸ **邀请：**"如果时间许可……""要是有兴趣的话……"

❹ **拒绝：**"很感谢您的好意。""还有很多地方希望您能帮忙。""您的好意我心领了。""很荣幸能邀请我，不过……"

❺ **提问：**"很冒昧地请教一下……""也许很难回答……""若是方便，可否问一下……"

❻ **解释、反省：**"献丑了……""不周的地方还有很多。"

❼ **提醒、忠告：**"虽然说得很严肃……""也许是多管闲事。"

❽ **请求教导：**"我对某件事情不太清楚……""请务必告诉我……""为了日后派得上用场，请教教我。""感谢指教。"

Key Point 对话开头加上体贴他人的前言，更容易得到尊敬与帮助。

② 先讲结论不啰唆，别人才肯听你的

"一直聊得很起劲"和"看不到结论，拖泥带水地对话"完全是两码子事。特别在职场上，多余的话说太多，对方容易烦躁不安。

备感压力的说话方式

当对方说"能不能先说结论？""你到底想说什么？""你说的是什么意思？"听到这些话就要特别注意，别人可能已经对你不耐烦了。

晚辈："你有 iPad 吗？"
前辈："没有，你有吗？"
晚辈："有的，我平常都带着。"

前辈："噢，带着很重很辛苦吧？"

晚辈："不过带着它很有用，昨天在客户那里就派上用场了。"

前辈："啊？你拿它来做笔记吗？"

晚辈："不，不是这样。是让客户看看我们公司的网页。"

前辈："都有准备资料了，还需要刻意让对方看我们的网页吗？"

晚辈："是的，因为网页上面有与产品相关的动画。"

前辈："噢，动画……这样啊……为了让对方看才带 iPad 去的吗？"

晚辈："是的。"

这时前辈不禁心想："怎么又来了……这家伙到底想说什么？真烦！"

晚辈爱装腔作势，说话又没有结论使人感到焦躁，虽已没什么话好聊了，自己却还得不断抛出问题来接续话题。每每跟这种晚辈讲话，都会令前辈内心备感压力。

简单明了的说话流程

必须简洁地按照"结论→理由→具体事例→结论→远景"的

流程讲话，才不会让对方反感。如果晚辈能像以下例句一样，先讲出结论，前辈也比较容易接话。

> **晚辈**："带 iPad 到客户那里，生意很快就成交了！"（结论）
> **前辈**："啊，这样吗？为什么用 iPad 可以很快成交？"
> **晚辈**："因为当场就可以给对方看我们公司的网页。"（理由）
> **前辈**："看网页？"
> **晚辈**："是，特别是产品动画。昨天向客户展示公司网页上的产品动画，结果他们都赞不绝口地说：'啊，这可真棒！'当场就签约了。"（具体事例）
> **前辈**："噢，真厉害。我是不是也来买台 iPad？"
> **晚辈**："您不用靠 iPad 也肯定能拿到合约。您本来就是优秀的资深业务，还是众所期望的业界第一，对吧？"（结论与远景）

发言时，只要遵守以上规则，不只能改善拖泥带水的说话方式，对方也会想听你说话。

这种顺序是文章、报告等常用的陈述架构，也是商业人士较能接受的有条理的谈话方式。

用"开头先说结论"的展开方式,不仅对方会产生兴趣,之后话题也能延续。而且最后再加上远景描述,让对方有想象未来的空间,使人按照你心中想法去展开行动的概率也较高。只要牢牢记住这个流程,你带来的说服力及影响力都会大幅提升。

> **Key Point** 在商业场合里,人们喜欢先听结论。

③ 掌握"1T3S"，怎么说话都有魅力

一般而言，我们不会穿着西装去野外搭帐篷，也很少穿着T恤去参加上司的结婚典礼。在谈话中也同理，在对话里分辨T（Time，时间）、P（Place，场所）、O（Occasion，场合）的情况相当重要。

比如去参加各行各业的交流聚会，周边尽是些初次见面的人，不要贸然开口说些粗俗玩笑话。又或者对方一脸严肃地跟你说："其实打一周前我老婆的身体状况就不是很好……"你如果回："提到这个，之前××的太太也因为生病去世了。"当下气氛一定会降到冰点。

也常有人把"分辨TPO状况"视为"八面玲珑"的交际手腕，其实并不正确。确切来说，这是"看清场合，不做出对人失礼的事"。一旦被人认为你是个"不会看场合的失礼家伙"，想跟

对方聊下去就变得困难无比。

在对话里，我把时机（Timing）、场所跟场合（Scene）、对方的立场（Standpoint）、对方的情绪（Sentiments），命名为"1T3S"——

T：说话的时机是否适当→时段、季节、合宜的话题。

S：讲话时的场合→和同伴轻松聊的时候、工作时、通勤途中。

S：对方处于什么立场→主管、下属、亲友、情侣、初次见面的人。

S：对方是何种心情→生气、高兴、烦恼。

考量以上这几点再调整自己的态度、遣词用句、语调、表情，然后附和、选择话题、提问等，在聊天中是很重要的技巧。

Key Point

注意"1T3S"，让你说话散发成熟圆融的魅力。

4 初次见面话题怎么找？ "名片"有最佳线索

在聚会场合、行业交流会上拿到名片，你是否没仔细看过就收下？

名片里其实有许多不容错过的最佳闲聊话题。

"'仝'这字该怎么念？"
"念成'tóng'。"
"噢，这姓可真少见。"
"嗯，至今没人第一次就念对。"（笑）
"你家乡那里很多人都是这个姓氏吗？"
"嗯，在我们那边好像有五十个人左右都是这个姓。"

名片上最显眼的就是"名字"。所以当发现有特别、稀奇之处，可以积极拿来当话题聊——譬如"这名字很男性化""这名字取得很吉利"。

如果是公司名称，可以问："取这公司名称有什么意义吗？""嘿哟，这公司名真特别！"接着就能询问公司业务内容、历史沿革等，或从企业地址延伸发问："离公司最近的车站在哪儿？"倘若对方的职务也有亮点，还可夸奖对方几句："年纪轻轻就当上了专员，真厉害！"

最近公司的名片做得益发用心——比如说在名片里添加"公司宣传标语""脸书账号""公司业绩"等，或加入私人资讯"我和小自己两岁的太太住在横滨，还养了一只马尔济斯，个人兴趣是潜水"，名片还同时可当招待券或累积点数的积分卡。

初次会面时我们对对方所知有限，所以要积极仔细地寻找他名片中可聊天的题材；自己也可准备独特的个人名片，下点功夫印上工作成果、个人兴趣等资讯。如此一来，即使不特别提供对方话题，也可成功引起他人兴趣。**要是觉得自己怕生不擅说话，就在名片上多花点心思。**这也是与人聊天时有用的技术。

> **Key Point**　仔细观察名片全部内容，从中获得的信息就是与人聊天的话题。

⑤ 和重要人士见面，事前资讯收集决定成败

跟重要的人第一次见面，内心总是会想"一定要跟这人好好相处""希望能长久往来"。

那你就要尽可能事前调查关于对方的事，再把这些资讯应用在谈话上。主要是为了"在有限的时间里，有效地提出恰当问题"，除此之外，还内藏一个重要目的：打开对方心扉。

因为人会对"了解自己的人"敞开心扉。我自己也是，初次见面的人对我说："通过脸书知道些您的事情，您女儿似乎是学音乐的。"听到这些话我十分讶异，很高兴对方连如此细微之处都注意到了，我也确实会较容易纳接关注自己的人。

无论是对方的资历、职业、家庭组成还是兴趣、想法等资讯，搜集得越多越好。像我在面试应征者时，一定会先查查对方的背景资料，即便"跟工作没有直接关系的事也要尽可能探听"。

例如说想要打开对方冷漠的心，可以根据事前调查资讯对他讲："你喜欢小狗吧？你养的博美狗好像是叫小岚？"接着再补充说："我也喜欢小狗噢……"一点一滴消除跟对方的隔阂。

再来就是"如何搜集资讯"。若是有第三者熟知你要见面的人，可以先向他打听："这次要跟某人见面，他是个怎样的人啊？"还有博客、脸书、推特等社交媒体上他本人的简介，或看看他在网络上的最新动态发布，就能有效掌握对方的近况。

见面的对象如果是客户，事先探听对方想得到什么结果，不想要哪种提案，这样不但能提出让对方喜欢的建议，也可以使沟通过程更顺利。若想成为成功的商业人士，这就是特别要学起来的技术。

> **Key Point**　"事先调查"关于对方的事，就能自信地去面对初次见面的人。

⑥ "20秒决胜负",高超的电话沟通术

"喂,您好。我是××旅行代理商的齐藤,已经收到您手机发过来的申请,票券会寄到贵公司噢。"工作忙到不可开交时,对方连"很冒昧打给您"的道歉话都没说,劈头就讲些业务事情,或许接到这通电话时,会有摔手机的念头,内心不禁想:"我在忙,别给我打这种没用的电话来。"

为何接到这类电话会让人烦躁?因为对方不先询问接电话的人目前是否方便讲话,只一味地说自己的事,并没有为电话另一头的人着想。

由此可知,**如果要打电话给对方,需先考虑到"对方立场",礼貌周到地谈话。**

电话中无法看见彼此表情,比起当面说话,算是难度相当高的沟通方式。明白这点之后,通话中就要留意对方的语气、语调,赢得他的信赖。特别是开头20秒很重要。我在工作上也常

需要通过电话采访对方，在前 20 秒当中能否给人留下一个好印象，几乎可以说是决定对方肯否让我采访的关键。若无法利用这段时间使对方卸下心防，他很可能就断然拒绝受访。即便勉强答应了，也多半不愿说出内心真实想法，进而使采访室碍难行。

想要在讲电话的前 20 秒就给对方一个好印象，我整理出以下四大要点，并提供可学的相关例句——

❶ 突然打电话给对方时，必须表示歉意→"冒昧打扰您，非常抱歉。"

❷ 自报姓名说明自己是谁→"我是 ×× 公司的某某人。"

❸ 直接了当传达要事→"为了下周午餐会议的事，打电话给您。"

❹ 询问对方自己可否继续说下去→"是否可占用您 5 分钟时间？"

以此种方式说话，能让人感受到你无比的诚意。如果对方回复说"现在很忙"，那么过段时间再重拨电话也无妨。如果一味按照自己的步调，只顾着说你想讲的事，小心！十之八九会令对方感到畏惧！

Key Point　在电话里讲话必须比平常更加注意礼貌。

⑦ 活用"的确……"句型，意见最能被接纳

当人们"强烈主张自己的意见"或"提出相反看法"时，不只最终演变成强迫别人接受，看对方的眼神跟说话语调也会呈现一副高高在上的模样。

不过你越想坚持己见，越要冷静下来。高压态度容易引起对方反感，也就越难达到你的目的。

很想提出自己的意见时，请想想这句话"内心火热，表现沉着"，是指当你要将内心热切的想法转化成言语时，必须保持冷静，并且向对方表示："我不打算全盘否定其他人意见，也很明白你的心情。"这样能让人相信你的看法是冷静而客观的，自然也会容易被接受。

想对外传达这份"冷静"的情绪时，就可以巧妙运用"当然……"跟"的确……"的句型。

"肺癌的风险已一再宣传了，抽烟的人就该下定决心戒烟才是啊！"——突然说出这样咄咄逼人的话，很可能遭到对方驳斥："多管闲事！""要这么容易早戒了！"

那么，假若在提出的意见上添加"的确"会如何呢？

"的确，戒烟的难处我完全明白。我自己也是失败好几次，花了三年才戒掉。但是肺癌的风险已一再宣传，吸烟者更该下定决心戒掉才是啊！"

光是运用"的确"句型，就可表现出"体谅对方想反驳的心情"，额外再附加"客观见解"时，更能获得吸烟者的理解和赞同。还会有人听完你的话后产生强烈的同感。

想在工作中真正说服对方，或与人交涉希望能占上风，这类客观冷静的魔法句型就派得上用场了。

Key Point

使用"当然""的确"句型，顾及反对者心情，自己的意见被接受的概率也会大幅提升。

❽ "边听边做笔记"，
让主管觉得可靠的高招

　　介绍给各位我常用来**取得对方信赖的好方法**——"做笔记"。

　　说句"不好意思，因为怕忘记，我做一下笔记"，短暂打断彼此的谈话再迅速从包包里拿出笔记本跟笔。光是这个小动作，就会让对方的说话方式和态度变得很诚恳。

　　虽说做笔记的用意是为了有效记住谈话内容，不过对我而言，做笔记除了能确实向对方表示"我很认真在听你说话噢"，也可打探许多资讯。

　　但有些采访记者觉得已有用 IC Recorder（录音笔）录音，完全不必做笔记，因而缺少了上述"做笔记"的优势。

　　直到现在我都会让对方看到我做笔记的样子，因此他们不跟其他记者说的心里话或宝贵的信息，也常会透露给我。

　　我把"做笔记真正的威力"分享给我朋友，当主管有事吩咐时，他就在上司面前做笔记，结果主管态度明显转好，并且更加积极指导他。

人们对于认真听自己说话的人，会产生信赖感，并愿意"尽可能提供此人有价值的信息"。为了让主管随时都能站在自己这一边，可以先将笔记本藏在口袋里，以备不时之需。

Key Point

做笔记能表达出你在真诚地听对方说话，是一条获得他人"信息"与"信赖感"的捷径。

❾ "转换负面念头"，讨厌的主管也会变贵人

爱唠叨的、太认真不知变通的、多管闲事的、任性而为的、凡事依照自己意思的、不爱说话的等等，世上有着形形色色不好应付的人。有一天你得跟这些人打交道，该怎么办才好？

最好的方法就是从不同角度看待这些难以应付的对象——

❶ 爱唠叨→建议很周到，是很值得感激的人。

❷ 过于认真→保持一贯态度，是努力型的人。

❸ 多管闲事→会为人担忧，是个温柔的人。

❹ 任性而为→好奇心旺盛，是很率性的人。

❺ 爱指挥别人做事情→具有领导资质，是个有行动力的人。

❻ 不爱说话→沉着冷静的人。

"哎，看你做的是什么简报？完全没表达出商品魅力。第一行文字又不吸引人，谁还会想再看下去？"如果被主管稍微提醒，就不高兴对方"啰唆"的态度，人是无法成长的。

把这种负面念头转化成"主管是为了培养我独当一面的能力，我应该感谢他。他真心想给我建议，说不定上司就是我的贵人"，那一瞬间你的未来也会跟着变动。

主管看到你接受他的建议，也会对你释放善意，停止对你的唠叨。稍稍调整我们看待事物的角度，就能去除心中对他人的偏见。

Key Point

当你认为对方是"值得感谢的人"，他对你也会释放善意。

> **五分钟速记本章重点**

◎ 能干的人、成功的人会先说体贴对方的话,之后才讲自己内心所想。

◎ 工作上非必要的话不要多说。讲话顺序是"结论→理由→具体事例→重说结论→远景",这是在文章、简报里也能用到的方法。

◎ 在对话中辨别"1T3S"来调整自己说话的态度、遣词用字与提问。

◎ 名片上有许多闲聊题材。如果你觉得你是怕生、不善言辞的人,可以在自己的名片上下点功夫,这也是制造话题的技巧。

◎ 跟重要的人初次会面时，事先看过对方博客、脸书、推特的简介或是最新动态发布，所得资讯可带入谈话。

◎ 打电话比当面说话更难。打给别人时，必须礼貌周到，在开头的20秒里确认四大要点：道歉、报上自己名字、传达要事、征求对方是否同意继续谈话。

◎ 想"强调自己意见"或"陈述相反意见"时，避免招人反感可用"当然""的确"等句型表达出体谅对方想反驳的心情。

◎ 在对话中做笔记，不但能表现出自己认真聆听的模样，还可赢得对方信赖，这也是让主管站在自己这边的妙方。

◎ 若身边有难以应付的人，转换角度看待对方，会觉得对方是值得你感谢的人，原先对他的敌意跟担心也随之消失。

第九章

学会"发问绝技",真心话和有用情报,一出手马上就有

想从对方那里打听出秘诀、技巧,别问范围很大的问题。"范围小且具体"的提问,能使对方容易应答,也可获取你最需要的"实用资讯"。

① 启动"贡献心"开关，对方就会滔滔不绝

要想获得有用的资讯，刺激对方"贡献心"是聪明的好办法。譬如我想采访报道如何克服夫妻间的倦怠期，我就会对受访者说："阅读我们这期特刊的读者中，有着恋爱方面困扰的人不少。所以很希望能采访您，看看您是如何克服倦怠期的，也期望您的经验可以鼓励他们。"

人天生就具备"想为谁付出"的贡献心。

听到上述的话，大部分人都会眼睛闪闪发亮地回"如果我的经验能帮得上忙……"并积极提供有用资讯。

一旦启动对方的"贡献心"开关，就算你不多问，他也会说个不停。假设你问"银座有哪家意大利餐厅不错？"即使对方把他想到的店都告诉你，也不会热心得替你筛选吧？如果你换成以下的问法呢？

"我三年没见到我妈了,她下周要从故乡来看我,我想带她去吃她喜欢的意大利面,银座有哪家意大利餐厅不错?"

对方肯定会满腔热忱地替你筛选。两种问话方式的最终目标都是想要探听一些餐厅资讯,但如果问话中明确说明目的跟内容,更能鼓舞对方的"贡献心",最后也更容易得到较精准的信息。

> **Key Point**
>
> 启动对方的"贡献心",轻易得到对你有利的资讯。

② 提问越具体，越能引出"核心答案"

若是你提出的问题，可回答范围太广，对方会很难回应——

"对你来说，什么是领导能力？"
"要怎么做才会受欢迎？"

用以上这类问题向职场上的佼佼者、拥有优秀交往对象的人、身怀特殊技能者、专家等请教他们成功的秘诀，对方一定会回答："领导能力？这还真难讲……""受人欢迎的原因很多啊……"

想顺利让对方说出可现学现用的技术秘诀，不要问"领导能力是什么"这种开放式大问题，而是要尽量把范围缩小，问得具体一点，像是："要是下属犯了重大错误，该对他们讲什么才好？"对方就会回你:"在那种情况下,我是不会不分青红皂白就开骂的。我一定会听完他们解释,再来反省是否因为自己缺乏领导能力,才导致他们犯错,然后向他们道歉。"

如果你的主管如同上述那样回答你,我们就可以从中明白对方的领导观——"下属做事,我会负责"。

同理,若想知道对方受欢迎的秘诀,不是问:"怎样做才能受欢迎?"而是问:"当看到女孩子两手提着很重的东西,这时该对她说什么呢?"

对方要是回:"最好是边说'我帮你拿',边主动帮她拿东西。"由此句话可知这个男人是用"言语跟行动"的方式才受人欢迎的。

想转换职场跑道,可询问他人意见:"假如你是面试官,什么样的人会吸引你注意?"探听减肥的秘诀可以问:"要是半夜肚子饿了,你会怎么办?"这样的提问方式较会得到实质有益的答案。

想从对方那里打听出秘诀、技巧,别问范围很大的问题。"范围小且具体"的提问,能使对方容易应答,也可获取你最需要的"实用资讯"。

Key Point

范围太广的问题会使对方的回答模糊不清,不如提出一些容易思考的具体问题,自己想要的资讯就唾手可得。

③ "场所"影响大，确定交谈内容再选择

  想探听有用消息，选择适合的说话地点很重要。
  比如想问人气高的朋友"受欢迎的方法"，要在哪里聊这个话题才是最佳场所呢？
  突然把朋友叫到密不透风的卡拉OK包厢，问他"受欢迎的秘诀"，此时对方非但没有心情讲，还会有种紧张压迫感。
  若是在喧哗嘈杂的居酒屋，喝到微醺时问对方："为什么我就是没女人缘呢？"朋友反而有可能跟你多说几句："好！今天就特别跟你说说受女孩子欢迎的秘诀！""你这样不行啊……"。
  当一个人身处开放、热闹的场所，像是"车站前拥挤的咖啡馆""生意好的居酒屋"等，心情比较能放得开，也容易透露重要的技术秘诀。换句话说，当你想打探消息，选择能让对方"放松心情的场所"进行谈话，就是一种聪明的方式。

另一方面，复杂商谈、不容有闪失的重要交涉就不适合在人声嘈杂的地方。处于此种情况，可以挑选天花板高且能静下心的饭店包间，或是有拉门隔间并铺有榻榻米的日式餐馆。

若是要责备、追究责任、说服对方时，精心准备类似警察侦讯室那样枯燥乏味的空间，或者带对方去空无一人的会议室，就能使人压力感骤升。 把门窗紧闭同样能使对方有压迫感。当然这技巧跟聊天没有直接关系，不过你们可以当成一种心理战术记着。

附带一提，纵使身处没有窗户的封闭式房间，也可在家具、照明上花点功夫，放点听起来轻松的背景音乐，能放松对方情绪；空间太大会造成内心无法平静，这时就需要制造一些隔间，以便把空间划分开。依据谈话目的，试着做各种不同调整。

> **Key Point**
>
> 希望对方放松心情，或向他人究责施压时，要怎么做成功率最高？必须根据目的选择理想谈话场所。

❹ 坦白表明"我不懂"，别人更会乐意说

有不了解的话题出现时，你是否曾经不懂装懂？特别是自尊心较强的人，往往会认为"不懂很羞耻"。反观善于沟通的人，他们不会刻意隐藏自己听不懂的事实，反而会坦白表明自己"不知道""不明白"。

"某某公司那样做实在糟糕，那根本就是 Offside。"
"啊？Offside？那是什么意思？"
"噢……足球你有在看吗？指的是足球的越位。简单来说，就是埋伏在对方球门前准备接球的违规行为。"
"足球里有这种规则啊，我还是第一次听到哦！"

思想灵活的人不会刻板地认为说了"不知道"会令自己显得

没用，反而会觉得这是"学得新知的大好机会"。

如果勉强假装自己很懂地说"他们要么么做了，就真的是Offside了"，接下来只得继续编织谎话。如此非但不是一个健全的聊天，还会被人贴上"不懂装懂"的标签。因此，当你听见对话里不明白的词语，大可坦率表明自己不了解之处——

"我所学不多，可否教我关于……"

"我还是第一次听到这个词，到底是什么意思啊？"

大多数人在教他人事情时会感到快乐。**事实上很多谈话，都是通过一个直率的提问开启的。**

Key Point

有不知道的事就坦白提问，除了受人欢迎外，还能增长知识。

5 "感谢的回应", 别人想和你说更多

"公司附近有没有口碑不错的整脊诊所？我肩膀硬邦邦又酸痛……"

"只有酸痛吗？那不用去整脊诊所，车站附近有家快速按摩店，你要不要去那里试试？"

若是你听从同事建议，下班后去了他介绍的那家按摩店，结果不但酸痛消除，身心都感到舒畅无比。你是否会向对方回报你的心得？

假使你会将感想分享给对方，就具备基本的互动沟通能力。或许对方不期待你有所回应，但是听了你的回复也会感到开心。

"我昨天有去你说的那家按摩店，托你的福，酸痛和压力都消除了，还好问了你！"像这样稍微回应对方，别人对你的好

感度就会急剧上升，可能还会再额外奉送一则信息给你。如果是主管也一定会觉得："这家伙这么识相，带你到哪儿都不会丢我的脸吧。"

如此看来，适当回应能令对方心情愉悦。但也有人只想从中获得信息，连句道谢都不讲，对方很容易对你有不良印象。

前述的例子中，对方只是单纯告诉你"他知道的信息"，假使对方跟你讲的信息是"为了你特别调查的""把自己事先调查好的资讯提供给你""把辛苦学得的技术窍门告诉了你"，那就得尽快向对方"回应和道谢"，否则别人从此以后都不会再帮你！

Key Point

"回应"并"感谢"对方提供资讯，是维持良好人际关系的基本原则。

> **五分钟速记
> 本章重点**

◎ 为了得到有利资讯,刺激对方的"贡献心"是聪明的做法。就算不主动提问,对方也会滔滔不绝地说个不停。

◎ 若想请工作上的佼佼者、拥有优秀交往对象的人、身怀特殊技能者告诉我们秘诀,问题越具体、范围越小,越能引出我们想要的答案。提问范围太大,对方就会回答得很模糊。

◎ 身处"拥挤的咖啡馆""生意很好的居酒屋"等明亮热闹的场所,人的心情容易放松,因而能从对方口中探知重要的技术诀窍。

◎ 不明白之事不要装懂。善于沟通的人能坦率说出自己"不懂",所以他们除了受人欢迎外,同时也吸收到新知。

◎ 得到消息后,尽早向对方"回应和道谢"。

结 语
Epilogue

懂传接球的对话技术，人生际遇大不同

感谢各位读者阅读到最后。"聆听方式""说话技巧""询问方法"等各种技巧都已介绍给大家。您是否注意到最重要的一点？**所有技巧都以对人的爱和关怀为出发点**。这也是在对话里能卸下彼此心防，并使双方心灵相通的力量。

而这些谈话的对象，有可能成为自己人生当中最棒的朋友；又或许自己不经意的一句话，意外地让对方变成了我们重要的伙伴；再者，也可因此让我们明白人生的喜悦和意义。

跟着这些珍贵的朋友一同笑着，看待事物有着同感，痛苦时又能相互鼓励，人生中的每一天都将闪耀无比。

与人对话不仅是充实自我的成长机会，还具有自我磨炼、拓

展自己未来的可能性。所以请别害怕跟人见面说话。

　　最后，感谢有机缘能够采访超过两千位的人，让我有机会能锻炼自己，还要感激我太太、女儿给我的许多支持与协助，最后谢谢买下这本书的读者。如果此书能让您与人交谈不再害怕，还跟许多人心灵相通，那就是身为本书作者最大的喜悦！

　　人生只有一回，能跟别人聊得好就是赢家！愿您能仔细品味，让往后的日子更加丰富、充实、精彩。

山口拓朗

自我检核表

漂亮的接话技术，你学会了几样？

[**基本接话技巧**]
- ☐ 营造容易攀谈的气氛（不要抱胸或跷脚，要露出笑容）
- ☐ 主动跟人说话
- ☐ 把对方的话听完
- ☐ 多附和对方
- ☐ 谈话时加入"噢""原来如此"等句子
- ☐ 对对方说的话做出明显反应
- ☐ 使用带有感情的"是……吗"句型和"鹦鹉回话法"
- ☐ 说话的语调要开朗
- ☐ 有精神地回应对方
- ☐ 找出彼此的共同点

- ☐ 称赞对方的优点与眼光
- ☐ 怀着善意和关心听对方说话
- ☐ 向人坦白并主动说出自己的事情
- ☐ 聊天时提及对方的名字
- ☐ 分辨"1T3S"(时机、场合、对方的立场和心情)
- ☐ 利用"5W1H"提问发掘话题
- ☐ 灵活运用"开放性"和"封闭性"问题
- ☐ 提问之后,静待对方回答
- ☐ 开始正式谈话前先闲聊
- ☐ 若不是非常交心的朋友,避免谈宗教、政治、种族、思想等话题
- ☐ 把听到的抱怨、他人的闲话都排除,不记在心里
- ☐ 不使用否定性的措辞,换成肯定性言辞
- ☐ 不做作,不虚张声势

[商业场景的重点]

- ☐ 从对方的名片中找到许多可聊题材
- ☐ 为"第三者"提问
- ☐ 边做笔记边听人说话
- ☐ 打电话时前20秒特别用心

[训练自我的良好习惯]

- ☐ 习惯随时笑容满面
- ☐ 平时对小事就有反应
- ☐ 主动向别人打招呼
- ☐ 对当下的谈话集中精神,改变"心不在焉"的习惯
- ☐ 记得"问候语＋寒暄"的句型
- ☐ 关心对方使用"YOU"言语
- ☐ 添加充满关心的"前言"
- ☐ 懂得聆听他人说话,能得到许多资讯并拓展个人视野
- ☐ 得到资讯,就用"感谢的回应"回馈对方
- ☐ 训练自己看透人性(自己说话时的重点)
- ☐ 以故事情节的方式说话
- ☐ 说话带点幽默感
- ☐ 说出自己失败的经验
- ☐ 以"结论→理由→具体事例→结论→远景"的方式说话
- ☐ 将自身专业领域用简单易懂的方式叙述
- ☐ 发掘对方的魅力并跟他说
- ☐ 主张自己的意见时搭配"当然""确实"句型
- ☐ 说话时注意男女不同,男人希望被认同,女人渴望被爱

[初次见面的重点]

☐ 给自己贴上"标签",让对方容易记住
☐ 跟人见面之前,事先调查对方的背景资料
☐ 提供"聆听""为对方设想""快乐"给对方
☐ 记下与对方谈话的内容,下次见面时再提起

[持续聊天的重点]

☐ 应用"如果"句型炒热气氛
☐ 将没有融入聊天圈子的人拉进话题里
☐ 利用"没有答案的话题"炒热气氛
☐ 帮说话没头绪的人整理他讲的话

[实用对话心理术]

☐ 刺激对方想帮忙的"贡献心",能得到有用信息
☐ 根据说话目的,选定聊天场所
☐ 面对难以应付的人,改变自己的看法
☐ 融不进聊天群时,主动出击加入大家
☐ 坦白表示自己"懂"或"不懂"

[接话的诀窍 / 应用]

☐ 不断提出自己有兴趣的问题
☐ 对方话中的关键词可拿来拓展话题

- [ ] 从对方话里的数字延伸话题
- [ ] 没话聊时，环顾四周，把听见、看到的东西当话题发挥
- [ ] 与对方分享自己的困扰、喜怒哀乐等
- [ ] 带有感情的"鹦鹉回话法"
- [ ] 运用自己的专业帮助对方
- [ ] 唤醒对方初次"心动"的记忆
- [ ] 引发自尊心，用心称赞对方
- [ ] 利用"第三者赞美法"让对方开心
- [ ] 要换话题时，用"那么""说到这个"等句型提醒对方
- [ ] 善用"提到这个"的句型悄悄转换话题

图书在版编目（CIP）数据

好好接话 /（日）山口拓朗著；林丽樱译 . —— 北京：北京联合出版公司，2018.11（2023.8 重印）
ISBN 978-7-5596-2171-9

Ⅰ.①好… Ⅱ.①山…②林… Ⅲ.①心理交往 - 语言艺术 Ⅳ.① C912.11

中国版本图书馆 CIP 数据核字 (2018) 第 112534 号
北京版权局著作权合同登记 图字：01-2018-5545 号

DONNAHITOTOMO DOGIMAGISEZUNI KAIWAGAFUKURAMUKOTSU WO ATSUMEMASHITA! by Takuro Yamaguchi
Copyright © Takuro Yamaguchi, 2012
All rights reserved.
Original Japanese edition published by Mikasa-Shobo Publishers Co., Ltd.

Simplified Chinese translation copyright © 2018 by Beijing ZITO Books Co., Ltd.
This Simplified Chinese edition published by arrangement with Mikasa-Shobo Publishers Co., Ltd., Tokyo, through HonnoKizuna, Inc., Tokyo, and Shinwon Agency Co. Beijing Representative Office, Beijing

好好接话

作　　者	[日]山口拓朗
译　　者	林丽樱
责任编辑	管　文
项目策划	紫图图书ZITO®
监　　制	黄　利　万　夏
特约编辑	曹莉丽
营销支持	曹莉丽
装帧设计	紫图装帧

北京联合出版公司出版
（北京市西城区德外大街 83 号楼 9 层　100088）
艺堂印刷（天津）有限公司印刷　新华书店经销
字数143千字　889毫米×1194毫米　1/32　7.25印张
2018年11月第1版　2023年8月第15次印刷
ISBN 978-7-5596-2171-9
定价：49.90元

版权所有，侵权必究
经书面许可，不得以任何方式转载、复制、翻印本书部分或全部内容。
本书若有质量问题，请与本公司图书销售中心联系调换。电话：010-64360026-103